性 革 命
Sex Revolution

陳學明／著
孟　樊／策劃

出版緣起

　　社會如同個人，個人的知識涵養如何，正可以表現出他有多少的「文化水平」（大陸的用語）；同理，一個社會到底擁有多少「文化水平」，亦可以從它的組成分子的知識能力上窺知。眾所皆知，經濟蓬勃發展，物質生活改善，並不必然意味這樣的社會在「文化水平」上也跟著成比例的水漲船高，以台灣社會目前在這方面的表現上來看，就是這種說法的最佳實例，正因為如此，才令有識之士憂心。

　　這便是我們——特別是站在一個出版者的立場——所要擔憂的問題：「經濟的富裕是否也使台灣人民的知識能力隨之提昇了？」答案

恐怕是不太樂觀的。正因爲如此，像《文化手邊册》這樣的叢書才値得出版，也應該受到重視。蓋一個社會的「文化水平」既然可以從其成員的知識能力（廣而言之，還包括文藝涵養）上測知，而決定社會成員的知識能力及文藝涵養兩項至爲重要的因素，厥爲成員亦即民衆的閱讀習慣以及出版（書報雜誌）的質與量，這兩項因素雖互爲影響，但顯然後者實居主動的角色，換言之，一個社會的出版事業發達與否，以及它在出版質量上的成績如何，間接影響到它的「文化水平」的表現。

那麼我們要繼續追問的是：我們的出版業究竟繳出了什麼樣的成績單？以圖書出版來講，我們到底出版了那些書？這個問題的答案恐怕如前一樣也不怎麼樂觀。近年來的圖書出版業，受到市場的影響，逐利風氣甚盛，出版量雖然年年爬昇，但出版的品質卻令人操心；有鑑於此，一些出版同業爲了改善出版圖書的品質，進而提昇國人的知識能力，近幾年內前後也陸陸續續推出不少性屬「硬調」的理論叢

書。

　這些理論叢書的出現，配合國內日益改革與開放的步調，的確令人一新耳目，亦有助於讀書風氣的改善。然而，細察這些「硬調」書籍的出版與流傳，其中存在著不少問題，首先，這些書絕大多數都屬「舶來品」，不是從歐美「進口」，便是自日本飄洋過海而來，換言之，這些書多半是西書的譯著。其次，這些書亦多屬「大部頭」著作，雖是經典名著，長篇累牘，則難以卒睹。由於不是國人的著作的關係，便會產生下列三種狀況：其一，譯筆式的行文，讀來頗有不暢之感，增加瞭解上的難度；其二，書中闡述的內容，來自於不同的歷史與文化背景，如果國人對西方（日本）的背景知識不夠的話，也會使閱讀的困難度增加不少；其三，書的選題不盡然切合本地讀者的需要，自然也難以引起適度的關注。至於長篇累牘的「大部頭」著作，則嚇走了原本有心一讀的讀者，更不適合作爲提昇國人知識能力的敲門磚。

　基於此故，始有《文化手邊册》叢書出版

之議，希望藉此叢書的出版，能提昇國人的知
識能力，並改善淺薄的讀書風氣，而其初衷即
針對上述諸項缺失而發，一來這些書文字精簡
扼要，每本約在六至七萬字之間，不對一般讀
者形成龐大的閱讀壓力，期能以言簡意賅的寫
作方式，提綱挈領地將一門知識、一種概念或
某一現象（運動）介紹給國人，打開知識進階
的大門；二來叢書的選題乃依據國人的需要而
設計的，切合本地讀者的胃口，也兼顧到中西
不同背景的差異；三來這些書原則上均由本國
學者專家親自執筆，可避免譯筆的詰屈聱牙，
文字通曉流暢，可讀性高。更因為它以手冊型
的小開本方式推出，便於攜帶，可當案頭書讀，
可當床頭書看，亦可隨手攜帶瀏覽。從另一方
面看，《文化手邊冊》可以視為某類型的專業辭
典或百科全書式的分冊導讀。

　　我們不諱言這套集結國人心血結晶的叢書
本身所具備的使命感，企盼不管是有心還是無
心的讀者，都能來「一親她的芳澤」，進而藉此
提昇台灣社會的「文化水平」，在經濟長足發展

之餘，在生活條件改善之餘，在國民所得逐日
上昇之餘，能因國人「文化水平」的提昇，而
洗雪洋人對我們「富裕的貧窮」及「貪婪之島」
之譏。無論如何，《文化手邊册》是屬於你和我
的。

孟樊

一九九三年二月於台北

序　言

　　這是一本專門述介西方「性革命」浪潮的小冊子。

　　在緒論中，我們概述了「性革命」浪潮的來龍去脈。主要交代：爲什麼於本世紀下半葉，在西方世界冒出了個「性革命」浪潮，並且於六、七十年代在美國達到登峰造極的程度？所謂「性革命」究竟包括哪些內容？「性革命」於六、七十年代在美國達到高潮以後的命運如何？是什麼因素促使「性革命」在七十年代中期後急轉直下、走向低潮？爲什麼說「性革命」已偃旗息鼓，但並非銷聲匿跡，隨時有可能重整雄風、捲土重來？

　　在正文中，我們著重介紹三個主要「性革命」理論家佛洛伊德、賴希、馬庫色的有關觀點。

　　對於佛洛伊德，我們認為他對「性革命」的主要影響在於：破除了性神秘感，使人們對性問題採取比較開明的態度；確立了性本能至高無上的地位，使人們有理由透過「性革命」實現「性解放」、「性自由」；把性愛作為研究的出發點，使人們重新置性愛於情愛之上，批判了「性道德」，使人們解除了妨礙其實現「性自由」、「性解放」的精神枷鎖。

　　對於賴希，東方人可能比較陌生，但實際上正是他的理論為「性革命」奠定了理論基礎。他在二、三十年代發動和領導的「性─政治運動」為以後的「性革命」運動開了先河；他把「性改革」與「政治改革」結合在一起，從而使「性革命」具有了馬克思主義色彩；他對原蘇聯「性改革」經驗教訓的總結，為以後的「性革命」運動提供了借鑒；他對「性革命」實質與意義的系統論證，為以後的「性革命」運動

提供了依據；他所提出的「性革命」的各項措施，後來爲「性革命」的信奉者所全盤接受。

「性革命」是與馬庫色的名字聯繫在一起的。馬庫色作爲「性革命」的旗手而廣爲人知。他親自參與和指導了「性革命」運動；他把「性解放」引入西方「新左派」運動之中，使「性革命」運動成爲「新左派」運動的一個組成部分；他系統地闡述了「性欲解放」論，使「性革命」運動有了更堅實的理論基礎；他對「性革命」運動所作的理論反思，較成功地爲這一運動總結了經驗教訓。

在結語中，我們展望了「性革命」的前途。

目前，人們對「性革命」是貶多褒少，有的人還把它視爲洪水猛獸。我們透過這本小冊子旨在說明：對於「性革命」千萬不能全盤否定，無論是就其理論本身而言，還是考察其實際過程、社會效應，往往「珍品」與「垃圾」犬牙交錯、混合在一起。現在需要做的是，如何在一片「性革命」的狂呼吶喊中分清良莠，在雜草叢生的大地上辨別出香花、毒草？

　　用平靜的心態考察「性革命」，我們不難得
出結論：「性革命」帶來的良性變化是主要的，
而造成的不良後果則是次要的；「性革命」給
人類帶來的福音是由其自身因素決定的，因此
具有必然性，而給人類造成的種種不幸則可以
歸結於外在因素，因此不具有必然性；「性革
命」造福於人類是本質的、不可避免的，而給
人類帶來不幸則是非本質的、在一定的條件下
可以避免的。

　　全部的關鍵在於，對於「性革命」的需要
是人性的呼喚。對此，倘若在還沒有接觸「性
革命」的三個主要思想家的理論之前尚有些模
糊的話，那麼，在接觸之後會是很清楚的。

　　「性革命」旨在讓人類最大限度地享受性
快感，過一種寓於愛情之中的自然的幸福生
活。讓我們從心裡對這場「革命」發出歡呼。
這裡，我們特摘錄賴希描述「性革命」的一段
話：

「我們正在經歷著一場我們文化存在
的真正的革命變革，在這場鬥爭中，沒有
遊行，沒有軍人，沒有獎章，不敲鑼打鼓，
不鳴放禮炮。但充當這場戰爭犧牲品的人
卻不會比 1848 年或 1917 年的變革少。人
類對它的自然生命功能的發現正使它從千
年沉睡中甦醒過來。我們生活中的這場變
革觸及到了我們情感、社會和經濟的存在
之根本。」

陳學明

目　錄

緒　論
「性革命」的前因後果

　　「人生不滿百，常懷千年憂。」自八十年代以來，在世界的東方，特別是在剛剛打開國門的中國大陸，一些人越來越爲悄然興起的「性革命」浪潮憂心忡忡。在台灣一些激進的女性主義者更公然提出「性革命」或「性解放」的口號，甚至揚言要打破女人的「處女情結」，已引起熱烈的迴響，「性革命」似有蓄勢待發的味道。

　　這股浪潮的發源地不是在東方，而是在西方，尤其是在六、七十年代的美國。經過二、三十年後的今天，它在西方世界基本上已偃旗息鼓，卻在東方世界重整雄風，終而復始。

　　面對洶湧而來的西方「性革命」浪潮，東方人（台灣及大陸）急切想了解關於它的一切。正是為了滿足這樣一種需要，本書集中介紹三位主要「性革命」理論家佛洛伊德、賴希、馬庫色的有關觀點。在進入此三人的理論園地之前，有必要先概述一下西方「性革命」浪潮的基本情況。

　　為什麼於本世紀下半葉，在西方世界冒出了個「性革命」浪潮，並且於六、七十年代在美國達到登峰造極的地步？顯然，這絕不是一些人心血來潮的產物，而是一系列因素交互作用的結果。

　　首先，思想的長期束縛和壓抑是「性革命」產生的「思想動因」。大凡說來，人的一生，總免不了要戀愛結婚，因而也免不了要和異性發生性愛關係。這樣一來，人生和性愛就結下了不解之緣。可是，長期以來，性這個領域卻被罩上一層若隱若現的面紗，使人們對之欲言又止，難以啓齒。尤其是對那些涉世不深的童男處女來說，這是個深不可測、秘不可探的地方。

一旦這層窗紙被捅破，男女之間的兩性關係便赤裸裸地展現在人們面前了：原來不過如此！這樣，它的神秘性、嚴肅性就蕩然無存了，人們便以自然主義的態度對待兩性關係，這在邏輯上必然導致「性革命」浪潮的產生。

　　其次，人文主義思潮的廣泛流行和佛洛伊德等人理論的問世是「性革命」產生的「理論動因」。人文主義是十五、十六世紀歐洲文藝復興的主要思潮，它的一些基本內容如：肯定現實人生的意義，要求享受人世的歡樂；提出個性解放，要求個性自由；歌頌人性的完美與崇高等等，流傳廣泛，影響深遠。到了二十世紀初影響到性的領域，就逐漸形成了「性革命」浪潮。人文主義思潮對「性革命」的影響是借助於二十世紀新問世的一系列「性學」、「性革命」理論實現的。英國醫生靄里斯（一八五九～一九四〇）開創了現代心理學的研究，他對性行為資料作了首次系統收集，作出了使同時代人震驚的結論。佛洛伊德（一八五六～一九三九）對性心理作了系統的研究，正是他的學

說促進了人們對性問題較爲開明的態度。迪金
森（一八六一～一九五〇）由於出版了《人類
性解剖學》而成了這方面的權威。金賽（一八
九四～一九五六）進行了世界上規模最大的性
問題調查研究，成了著名的「性學」家，他的
兩大專著《人類男性的性行爲》、《人類女性的
性行爲》至今仍然是「性學」的經典名著。賴
希（一八九七～一九五七）作爲「性革命」的
理論奠基人、「性—政治運動」的發起人而廣爲
人知。華生（一八七八～一九五八）研究了人
類性交行爲刺激引起的性反應，由於妻子拒絕
合作，被迫與女助手爲科學實驗而性交，最後
則被世俗偏見所扼殺。馬庫色（一八九八～一
九七九）不但以其系統的「性革命」理論，而
且用其實際行動，贏得了「性革命」的「旗手」
的聲譽。希爾・海特從女權主義角度研究了人
類的性行爲。布盧姆斯坦恩和施瓦茨，他們倆
進行了規模最大的性伴侶調查。馬斯特斯和約
翰遜，這對夫妻成功地完成了第一個性反射試
驗，創立了性醫學理論基礎。所有這些人的研

究都為「性革命」提供了理論基礎。當然，其
中影響最大、與「性革命」浪潮的出現最直接
的，要數佛洛伊德、賴希、馬庫色三人。

　　再次，資本主義生產的高度自由化和現代
科學技術的高度發展是「性革命」產生的「經
濟動因」。在資本主義生產的高度自由化的大
氣候之下，性關係領域很容易產生性行為的高
度自由化的小氣候。資本主義生產是無政府主
義的，生產上的無政府主義必然導致兩性關係
上的無政府主義。資本主義社會是生產資料私
有制發展到頂峰的社會，私有制的經濟形態助
長了人們的個人主義，在兩性關係上注重個人
歡樂，忽視社會責任，常常用兩性關係的生物
性、自然性去取代社會性。在表現為商品堆積
的現代社會，兩性關係也無不打上商品的烙
印。許多國家採取高工資、高消費的政策，「東
西用過了就扔掉」，這種情況反映到兩性關係
上，對待異性，也是「用過了就扔掉」。科學技
術的發展對「性革命」的影響一是表現在閒餘
時間的增加，使得兩性關係的任意發展有了充

分的機會和餘地；二是表現在大量避孕工具的產生，使得人們有可能把生育與性行爲區別開來，隨心所欲地與「心上人」發生性關係，從性交中獲取最大的歡樂。

最後，陷入越南戰爭而不能自拔是「性革命」產生的「政治動因」。六十年代，美國陷入越南戰爭而不能自拔。軍事上的失利，使國內許多人人心渙散。尤其青年人更是對前途悲觀失望。他們爲尋求心理上的發洩、彌補精神上的空虛，於是就沉緬酒色，放蕩不羈，在性生活上尋歡作樂，在「返回大自然」的旗幟下，憑藉性本能對待一切，倒退到人類形成之初。因而，美國乃充當了這場「性革命」的急先鋒。

那麼，所謂「性革命」究竟包括哪些內容呢？

首先，破除性神秘感。「性革命」的倡導者和信奉者認爲，人的身體的一切都是上帝創造的，男女的性器官當然也包括在內，因此性生活絕不是什麼神秘的事，人們大可不必爲此而害羞，沒有什麼不可以告人的，對性生活的難

題要抱坦誠的態度，不但成年人，而且靑少年
要經常接受性的敎育。正是在這樣的觀念的支
配下，歐美一些國家的靑年男女，赤身裸體、
一絲不掛地在馬路上遛來遛去。

　　其次，調適夫妻之間的性生活。「性革命」
的倡導者和信奉者認爲，所謂「性革命」、「性
解放」就是要使人們得到兩性歡愉的一切，而
這首先是從夫妻性生活中得到的，要讓人們從
夫妻性生活中得到最大的樂趣。他們把夫妻的
性生活看成是夫妻生活、家庭生活中的最重要
的組成部分和內容，認爲如果沒有性生活，家
庭就是空虛的；如果性生活不協調，家庭生活
就是十分不幸的。根據這樣一種觀念，他們又
認爲夫妻之間對此問題不必諱莫如深，而應掌
握性心理和性生理知識，互提要求，交換感受，
相互配合，講究技巧。

　　最後，提倡隨心所欲地發生性行爲。「性革
命」的倡導者和信奉者認爲，愛情不僅是精神
的也應是肉體的，而肉體是屬於自己的，應完
全受到自己的支配。自己的肉體願意和誰結合

就和誰結合，願意獻給誰就獻給誰，就都是個人的事，他人無權過問，即使是法律也不應干涉。基於這種觀點，他們進一步提出，結婚不過是一道法律手續，沒有什麼意義。在這以前，男女雙方只要相愛，就可在一起過性生活，如果經過一個時期的性生活，雙方都很滿意，那麼再經由法律手續把這種關係肯定下來；如果經過同居，雙方並不滿意，那麼就趁早「散伙」。總之，相愛就同居。這無論對已婚者還是未婚者都是天經地義的。婚外性行為只要真的給人帶來「完美」，則在道德上是可以接受的，而在法律上應加以保護。

對於「性革命」的這些具體內容的評價，讓我們在通觀三個主要「性革命」理論家的「原始思想」之後，留在「結論」中再作探索。這裏，我們接著敍述「性革命」於六、七十年代在美國達到高潮以後的命運。

自七十年代中期起，「性革命」在西方世界急轉直下，走向低潮。西方世界所發生的一系列新變化充分證明了這一點。

　　首先，人們開始重返家庭，許多分崩離析
的婚姻又破鏡重圓。「性革命」的一個直接後果
是家庭分崩離析。在「性革命」處於高潮的那
些日子裏，結婚、母性和「核心家庭」這些概
念曾受到譏笑，但是到七十年代末期，作家弗
蘭‧舒默說：「結婚已成爲有抱負婦女們崇尚
時勢的事情。」一九八四年，美國《讀者文摘》
雜誌對今天美國人的戀愛觀和婚姻觀進行了一
次民意測驗，證實了這樣一個引人注目的趨
勢：以往二十年來的所謂「性革命」正在衰退，
全國接受調查的1549位十八歲以上的成年人
中，95％結了婚。一九七五年以後美國的結婚
人數逐年上升，至一九八二年達250對，比七年
前多出了16％。與整個美國人口比較，成婚人
數的比例也是六十年代以來最高的一年。據全
國調查，希望有傳統家庭生活的成年男女，已
增至86％，而希望仍過性自由生活的成年男女
則下降了4％。另據一項二十一年的社會研究指
出，一九六三年，美國大學女生的75％還是處
女，但是一九七八年已下降到38％，而一九八

四年二月又開始上升爲43％。進入八十年代以
來，美國社會的保守勢力，一直在爲恢復美國
的傳統家庭而努力，這也是布希的治國方針之
一。所謂美國人的傳統家庭生活，最簡單的形
象就是：丈夫賺錢養家，太太操持家務，兩三
個小孩養得面色紅潤，健康活潑。在五十年代
以前，這是美國人的家庭典範。恢復這樣的家
庭模式，顯然是和「性革命」背道而馳的。

　　其次，色情文化開始走下坡路。黃貨泛濫
是「性革命」的又一重大成果，而隨著「性革
命」浪潮的消退，色情文化也開始走下坡路。
例如以專門刊登女性裸照爲標榜的月刊《花花
公子》，在全盛時期的一九七二年，每期銷售量
高達七百萬份，但一九八六年已跌至三百二十
萬份；《閣樓》的銷售也只有一百五十萬份，
而以刊登男性裸照爲特色的《花花女郎》則只
有七十萬份的銷路，亦已虧損倒閉。在號稱爲
「色情之都」的紐約市曼哈坦第四十二街，其
衰落景觀表現得尤爲明顯。據紐約市長辦公室
的年度統計，過去十一年內，第四十二街時報

廣場色情區的性商店及色情電影院，總數已由
全盛時期的一百四十七家減至目前的四十四
家。色情電影觀衆大減，色情電影票價由最初
的六美元看兩部，跌到現在的一點九九美元看
四部。色情行業的衰退，使得過去高朋滿座的
酒吧和色情按摩院，所剩無幾，許多性商店逐
步改成表演劇場和辦公大樓。那些經營色情行
業的暴發戶不得不哀嘆：經過二十年的「性革
命」，男人們顯然對性有些不感興趣了！人們
把這些行業稱之爲「夕陽工業」。人們自覺地展
開掃黃鬥爭。美國「芝加哥聲明」組織和「全
國基督教徒協會」，於一九八六年十月二十五
日聯合發起在全國二十幾個城市舉辦「反色情
運動早餐會」。雷根總統也透過人造衛星，在這
個早餐會上發表談話說，色情出版物是邪惡及
危險的，而且會對婦女和兒童造成傷害。

　　最後，人們開始重新檢點自己的性行爲，
樹立新的性觀念和性道德。傳統的性觀念和性
道德的被摧毀，或許是「性革命」所帶來的一
個最嚴重的後果。隨著「性革命」的逐漸消退，

這些傳統的性觀念和性道德也不斷地得以恢復。時下在法國，關於愛滋病的訊息，實際上不僅關係到如何阻止此病流行，而且涉及如何「重新確立傳統的道德價值」。法國衛生和家庭部長米歇勒・巴扎什在談到這一點時指出：「讓我們對與性自由同時成長起來的那幾代人說，必須改變自己的生活方式！我們必須要改變個人行為。我們在這個領域裏的集體責任是巨大的。」這表明，「一切都是允許的」時代一去不復返了；在公共衛生要求的背後，隱藏著通向關於性關係的傳統道德規範之路。

那麼，又是什麼因素促使「性革命」在七十年代中期後走下坡路，出現上面這些局面呢？

首先，正如美國斯坦福大學胡佛研究院的社會學家西摩・馬丁・科普塞特所說的，由越南戰爭引起的「對信念體系的動搖」，助長了「性革命」。而這場戰爭的結束和經濟衰退的突然降臨，則促成了恢復穩定的運動，使人們對七十年代中期那種性生活至上感到厭惡。

　　其次，經濟的捉摸不定，也可能有助於使「性革命」浪潮平靜下來。八十年代和三十年代一樣，性關係的小心謹慎和金錢上的煩惱，似乎是同時俱來的。六、七十年代那些無憂無慮的人，到了八十年代，都成了忙於謀求發跡的人，他們在競爭激烈的職業市場上，為掙美元而勞碌奔波。「嬉皮」搖身一變成了「雅皮」。退休的哈佛大學社會學家戴維・李斯曼說：「和你談話的學生都想書念得好一些。他們想要的不僅是他們學的課程能夠及格，也不僅是謀求一個職業。他們想創造一番事業。性和麻醉品使人委靡不振，這些不再是新鮮和刺激的了。」

　　最後，恐怕還是由於「性革命」給社會、人的心靈乃至人的生命帶來了巨大損害。號稱「天王巨星」的美國電影演員洛克遜與愛滋病搏鬥了十五個月後，終於在一九八五年十月二日頹然逝去。它所產生的震盪，更加迫使人們把視線轉向同性戀者身上，進而轉向「性革命」本身。這位五十～六十年代紅極一時的好萊塢明星，早已為人熟知是個兼有「雙性戀」傾向

的同性戀者。這位億萬巨富，在愛滋病面前無
可奈何。在他生命彌留之際，向爲遏止愛滋病
而籌措資金的組織發了一份電報。電報中說：
「如果這有助於他人，我至少可以知道，我的
不幸具有某些積極意義。」在蒙受這樣的巨大
不幸之後，絕大部分的西方人，認識到了這種
不幸源於「性革命」。

　　在述說了上面這一些之後，這裏我們還須
指出下述這一點，或許這是最重要的。這就是：
我們所說的「性革命」已偃旗息鼓，並不是指
它已銷聲匿跡。「性革命」發展到現階段，僅僅
是趨於低落的轉折點，而遠非瓦解冰消，付諸
東流，並隨時可能大規模捲土重來；「性革命」
造成的社會思潮，還遠遠未能扭轉；「性革命」
帶來的後果，仍在發揮著影響。當然，這裏所
說的「性革命」沒有銷聲匿跡而仍在產生影響，
並非基於它在東方世界找到了新的生長點，獲
得了新的市場這一意義上說的，而是基於它目
前在西方世界，特別在美國的實際情況所作出
的判斷。

　　全部的關鍵在於，促使「性革命」走向下坡路的因素主要是外在的因素，也就是說，並非主要是由於「性革命」自身的原因，決定了它必然是「短命」的。越南戰爭的突然結束、經濟衰退的突然降臨，這些都屬於「偶發的」外在因素不消說，說是愛滋病等性病的威脅，也不能簡單地與「性革命」掛起勾來。

　　應清楚了解，「性革命」的轉折和低落，最主要的是迫於性病和愛滋病的威脅而採取小心謹慎態度的結果。如果把「性革命」僅僅與危及個人和公眾健康的問題聯繫起來，那麼只需加以消極「防範」便行了，並無徹底否定的必要。正是按照這個邏輯，目前美國不管是新聞輿論界，還是文化教育界，抑或是社會法治，著重的全部是「安全性交」問題，刻意強調性伴侶的選擇，注意性衛生，最多也只提醒人們「減少性愛對象」，等等。從一九八六年夏天開始，全國傳播媒介，也都在竭力提倡「安全性交運動」，特別把保險套視為杜絕一切性病的最可靠而有效的工具。在這種情況下，「性革

命」浪潮怎麼會根本衰退呢？

　　「性革命」究竟有沒有生命力，關鍵是取決於按照其自身的宗旨，對人類的作用是負面大於正面還是相反，如果是前者，那它的煙消雲散是必然的，是早晚的事；倘若是後者，那它的前途則是光明的，它即使處於低潮也是暫時的，人們定能克服其負面效應，讓它最大限度地為人類謀幸福。這裏，我們猛然想起德國哲學家黑格爾的一個著名命題：

　　　　凡是合理的，總是現實的；
　　　　凡是現實的，總是合理的。

第一章
「性革命」的理論先驅
—佛洛伊德

　　自文藝復興以來，人文主義者肯定現實的人生，要求享受現實的歡樂，提出個性解放、個性自由、人性完美崇高的觀念和思想，到十九世紀末、二十世紀初，影響到性的領域，一些繼承者將其發展為「性革命」的思潮。奧地利心理學家佛洛伊德的學說直接推動了「性革命」思潮的崛起。佛氏從本能生物學出發，特別強調性本能的作用，認為存在於潛意識的性本能，是人的心理的基本動力，是擺脫個人命運、決定社會發展的永恆力量。這個學說，恰好成了「性革命」思潮的理論先驅。

一、佛洛伊德其人

　　西格蒙德・佛洛伊德(Sigmund Freud)於
一八五六年出生在奧地利佛萊堡一個猶太藉的
商人家庭中。一八六〇年隨家移居維也納。一
八七三年以優異成績考入了維也納大學醫學
院，一八七〇年開始在著名生理學家布呂克(E.
Brucke)的研究所中工作，從事低等動物神經
結構與功能的研究。一八八一年獲得醫學博士
學位。一八八二～一八八五年間，他進入維也
納全科醫院工作，深入研究腦解剖和精神病理
學，並先後在外、內、小兒、皮膚等科服務，
獲得了廣泛的臨床經驗。一八八五年十月，佛
洛伊德來到了當時是世界精神病研究中心的巴
黎，在著名精神病學家夏爾科(J. M. Charcot)
的指導下學習、工作。在夏爾科的影響下，他
開始從事對精神病的心理原因的研究。一八八
六年二月回到維也納後，佛洛伊德以自己的名

義開了私人診所。爾後，又和維也納著名的精
神病學家和心理學家布魯爾(J. Breur)合作研
究並治療歇斯底里症。一八九五年，兩人合作
發表了《歇斯底里研究》一書。後來，由於見
解不合而分道揚鑣。佛洛伊德不顧他人的辱罵
與攻擊，仍繼續自己的研究，相繼發表了《夢
的解析》（一九○○）、《日常生活的心理病理
學》（一九○四）、《性欲理論三講》（一九○
五）。這些著作奠定了精神分析心理學的基礎，
使他聲名大噪。一九○二年，佛洛伊德和他的
學生阿德勒(A. Adler)等一起創立了「心理學
周三學會」。一九○八年，第一屆國際精神分析
學會在薩爾茲堡舉行成立大會，「周三學會」更
名爲「維也納精神分析學會」。一九○九年，佛
洛伊德在他的另一個學生榮格(C. G. Jung)的
陪同下應邀赴美國講學。爾後，他又發表了《精
神分析引論》（一九一○）、《圖騰和禁忌》（一
九一三）、《論精神分析運動史》（一九一四）、
《超越快樂原則》（一九二○）、《文明及其不
滿》（一九二○）、《群衆心理學和自我的分析》

（一九二一）、《自我和本我》（一九二三）等著
作。這時，佛洛伊德的學說的影響已遍及全世
界。一九三三年，希特勒在德國上台，法西斯
主義當局宣佈佛洛伊德的著作爲禁書，並下令
加以焚毀。一九三八年，法西斯軍隊入侵奧地
利，佛洛伊德和他的家眷流亡到倫敦。翌年，
他在倫敦逝世。在他生命行將結束之際，他又
發表了他的最後一部著作《摩西與一神教》（一
九三九）。

二、震怒整個世界的「偉大發現」

　　佛洛伊德在他的主要著作《精神分析引論》
中指出，他有兩個「最偉大的發現」，它們「足
以震怒整個世界」。佛洛伊德對「性革命」之影
響正是與這兩個「偉大發現」聯繫在一起的，
或者說，正是由於這個「偉大發現」，才使他成
了「性革命」的理論先驅。
　　首先，他發現有意識的思維活動底部還有

一個廣闊得多的「潛意識」存在。他指出，長期以來，人們「總是習慣於把精神的和有意識的加以等同」，以爲精神過程就是有意識的思維活動，這一「偏見」是如此地頑固，「以至於我們以爲對它的最輕微的反駁都是顯然無意義的」。殊不知，在這種有意識的思維活動底部還有一個廣闊得多的「潛意識」存在，人的意識的思維活動，就像露出洋面的冰山，它僅僅是人的精神活動的很小的一部分。人的絕大部分的精神活動，就像冰山的水下部分，它比露出水面部分大得多。那麼，「潛意識」和意識究竟是什麼關係呢？他作一個具體的比喻：「潛意識」系統就像「一個大的前庭」，在這個前庭內，各種精神衝動摩肩擦肘，擁擠在一起。從這個前庭通向另一個較小的房間，意識就居住於此。在前庭和較小的房間之間的門檻上站著一個看門人，他負責檢查渴望衝出前庭的各種衝動，只有不引起意識厭惡的東西，才被允許進入意識居住的那個小房間。「看門人」，即是「下意識」。佛洛伊德還指出，由於人作爲社會存在

物，總是千方百計地掩飾自己心靈中的動物般
的本能。所以，人們往往很少注意潛意識的問
題。但是，沒有注意到，不等於它就不存在，
恰恰相反，它是人的心理結構的核心，「心理過
程主要是潛意識的」。義大利的航海家哥倫布
因發現美洲新大陸而著稱於世，在西方世界，
因佛洛伊德發現了「潛意識」的存在，有人就
用「心靈的哥倫布」來稱呼佛洛伊德。他本人
則非常自負地說道：「我可以向你們保證，只
要認可潛意識的過程，你們就已經爲世界和科
學的一個決定性的新傾向鋪平了道路。」

　　其次，他發現「性本能」是人的精神活動
的核心。他認爲，「潛意識」系統實際上是人的
生物本能、欲望的儲藏庫。儲藏在這裏的本能、
欲望和意識是不一樣的，它並不是在社會中形
成的，而是人與生俱來的；它並不受「現實原
則」所支配，而是服從於「快樂原則」，總是迫
切地尋找發洩的出路，力圖得以滿足。它雖然
常常被壓抑在「潛意識」的深處，使人忘記了
它們的實際存在，但卻對我們的精神、行爲有

著決定性的作用。他強調，在儲藏於「潛意識」
的各種本能、欲望中，最主要的是人的「性本
能」。「性本能」在「潛意識」中具有支配性的
作用，爲各種本能衝動提供力量。由此出發，
他提出了「性本能是人的精神活動的核心」的
著名論點。由於他把人的一切行爲動機最後都
歸結爲「性本能」的衝動，所以他的理論又被
人們稱爲「泛性主義」和「唯性主義」。他承認，
他的這第二個「發現」，比第一個「發現」更遭
致人們的厭惡，是精神分析理論中「遭致阻抗
的最強烈的部分」，成了一種「驚世駭俗」的理
論。

三、「性本能」的地位

　　從佛洛伊德的這兩個發現，特別是後一個
發現必然引出結論：「性本能」的滿足無論對
個人還是社會都是至關重要的。問題在於，佛
洛伊德是怎麼作出這些發現的？換句話說，佛

洛伊德是依據什麼把「性本能」視為人的精神活動的核心、人的心理的基本動力？

　　概而言之，佛洛伊德主要是透過以下幾個方面的研究得出這一結論的：

　　第一，透過對神經質疾病的研究。這主要反映在《歇斯底里研究》和《少女杜拉的故事》等著作中。他在《自傳》中回憶起自己在這一方面的研究時說道：

　　　　「透過自己的經驗的快速增進的累積，我知道在神經病現象的背後，並非隨便任何一種情緒激奮在作祟，而通常都是因為早年的性經驗，或新近的性衝突所引起的。我之研究神經質患者，原是不懷任何偏見的，所以，我的結論絕不是我有意造成，也沒有夾雜半點個人的期望成分在內。」

　　　　「在我這個新奇的發現的影響之下，我邁上了極其重要的一步，超越了歇斯底里的領域，開始探究那些常在門診時間內

來看病的『神經衰弱病人』的性生活。我做這一嘗試的代價很大，犧牲了醫生的聲望，但卻帶給我即使在三十年後的今天都仍然堅定無比的信念。」

「由此，我開始有一個傾向，即認定神經機能病幾乎毫無例外地都是一種性機能障礙……得到這樣的結論，就我的醫學良心而言，是一件極愉快的事。我希望我的這一工作，彌補了醫學上的缺陷。」

在《少女杜拉的故事》中，他則更明確地說道：

「歇斯底里病的症狀不過是病人的性活動而已……我一而再、再而三地發現，性是開啓心理症難題的鑰匙。輕視此鑰匙的人絕不能開啓那扇門。」

第二，透過對夢的研究。這主要反映在《夢的解析》等著作中。因爲發現了性因素在神經質疾病中的重要作用，佛洛伊德就爲建立「潛

意識」理論開闢了道路。在這以後,當他為建立「潛意識」理論而研究夢的時候,進一步確立了性因素的至高無上的地位。佛洛伊德發現,在夢中,經常表現孩童時期的性動力和新近的性經驗。

佛洛伊德在《夢的解析》中用無數的夢例來說明他的這一觀點,這裏僅舉一例:

「一位二十七歲的男人患了重病一年後,告訴我,他在十一歲到十三歲之間經常反覆地做下面這個夢,並且感到非常焦慮:一位男人拿著斧頭在追趕他,他想要逃開,但他的腳似乎麻木了,不能移動半步。這是一個常見的焦慮的夢的典型例子,而且絕不會被人認為與性有關。在分析的時候,夢者首先想起一位叔叔告訴他的一個故事。那是有關他叔父有一個晚上在街頭被一位鬼頭鬼腦的男人攻擊的故事。夢者由這聯想到以下結論:他在做夢之前聽到一些和這相似的事情。至於斧

頭，他記得在一次劈柴的時候把手指砍傷
了。然後他立刻提到和他弟弟的關係。他
常對他弟弟不好，將他打倒。他特別記得
有一次他用長靴踢破了弟弟的頭，流了許
多血。他媽媽因此對他說：『我害怕你有
一天會把他殺掉。』當他仍然在思索有關
暴力的時候，他突然想到他九歲時的一件
事。那天晚上他父母很晚才回來雙雙上了
床，而他恰好在裝睡。不久他即聽到喘氣
聲以及其它奇怪的聲音，他還能猜度他雙
親在床上的那種姿勢。進一步的分析，顯
示他將自己和弟弟的關係和父母的那種關
係相類比。他把父母之間發生的那件事放
在暴力與掙扎的概念之下。他甚至還找到
對自己的此種看法的有利證據：常在母親
的床上找到血跡。」

佛洛伊德在舉了這個夢例後指出，「成人
之間算是家常便飯的性交，可以使看見的小孩
感到奇怪並導致焦慮的情緒」。上述夢者的焦

慮情緒乃是因為性衝動而又受到排擠所引起
的。

　　佛洛伊德透過對夢的研究不但得出結論：
夢是願望的達成，是潛意識心理現象的自我表
演，而且進一步發現：儲存在潛意識之中的主
要是性欲望，性本能是人的心理世界的核心。

　　第三，透過對性變態的研究。這主要反映
在《性欲理論三講》、《日常生活的心理病理學》
等著作中。什麼是性變態？一般說來，所謂性
變態或性異常，乃指那些不採用一般的異性間
生殖器交媾，而以其它異常方法來獲得快感的
性行為。通常包括同性戀、異性模仿欲、暴露
欲、性虐待狂和性被虐待狂等。按照佛洛伊德
的看法，所有這些性變態並不是生殖器官及其
附屬器官的器質性病變引起的，而是性心理的
某一特定因素的不協調、膨脹造成的。換言之，
性變態是性心理某一因素或多種因素逃脫意識
的控制而宣洩的結果，是未經正常意識心理加
工、改造之最原始的性動力的暴露。他透過對
性變態的研究要說明這麼一個基本觀點：性動

力對潛意識的形成著決定性作用。

　　在對各種性變態的研究中，佛洛伊德著重研究了在性目的方面的變態，即「性錯亂」。在他看來，性錯亂症乃是潛意識中的性動力因素的宣洩，而這種性動力又是人類種族和個人發展過程中的早期性症的痕跡。在正常人那裏，追求性目的而達到性衝動的滿足是受到意識界的各種觀念的限制的。佛洛伊德說道：

　　　　「性衝動必須不時地受到某些精神能力或阻抗作用的壓制，其中最明顯的是害羞及嫌惡感。我們可以設想，這些力量本來是用來圍限性衝動，使之不至於溢出正常範圍之外。如果在人的性衝動尚未充分發展之時，這些力量得到充分的發展，它們就能駕輕就熟，好好地引導性的發展，使之正常。」

　　在探討了性錯亂的根源以後，佛洛伊德再次得出這樣的結論：

「各種心理症的推動力量，無一不以
性本能爲根基。我的意思絕不是說，性衝
動的能源僅僅貢獻於病態的症狀的形成。
我所堅決認定的是，它根本就供應了心理
病最重要、獨一無二的能源，故而這些患
者的性生活或全部、或大半、或部分地表
現在這些症狀裏。如我在別的地方所曾說
過的，病狀也就等於病人的性活動。這二
十五年來逐日累積的歇斯底里症和其它心
理症的行醫經驗，便是我最佳的佐證。」

在佛洛伊德看來，藉由對神經質疾病、夢、
性變態的研究，可以清楚地看到，性本能、性
衝動在人的人性發展中起著至關重要的作用和
影響。性本能是長明之火，是生命之光。這一
基本觀點是後來「性革命」者追求性解放、性
自由的根本依據之所在。

四、「性本能」的發展

佛洛伊德不僅論證了性欲在心理發展過程中起著重要作用，而且還論述了這種重要作用是怎樣具體發展的。

早在研究歇斯底里和夢的時候，佛洛伊德便已發現了性欲在人心發展中的基本歷程，強調性並不像「天降之神」那樣突然出現在某一場合中。在以後的《性學理論三講》等著作中，則詳細地論述了性欲在人成年前所經歷的三個時期。他認為每個時期，在身體上都有一個能使性欲興奮滿足的中心——「動情區」（亦即「快感區」）。

第一時期：從嬰兒到五歲

這是最重要的時期，因為它打下往後一切性的發展的基礎和方向。這一時期的幼兒性欲的特徵有二：其一，它們是自體享受的（即在

自己身上尋找性對象，如吸吮大姆指、初期手
淫等等）；其二，它的每一個部分的衝動，通常
各自爲政，互不相干，但皆致力於快感的獲得。

　　這一時期又具體分爲三個階段：第一階段
是口腔階段，「動情區」是嘴，嬰兒吸吮奶頭是
最初的性欲衝動。第二階段是肛門階段，「動情
區」是肛門，兒童在大小便時得到快感。當父
母對他施以「便溺規矩訓練」時，兒童的快感
本能就顯示出最初的抗拒。第三階段是男性生
殖器崇拜階段，「動情區」是生殖器。這時男女
兒童都對生殖器有了好奇心，甚至出現了有規
則的手淫。兒童面臨著「對某些人深情的偏
愛」，男孩選擇的第一個愛情對象往往是母親，
佛洛伊德稱之爲：「伊底帕斯情結」（Oedipus
Complex，以希臘神話中娶母弒父的伊底帕斯
取名，亦即戀母情結）。反之，女孩的第一個愛
情對象往往是父親，佛洛伊德稱之爲「伊賴克
特拉情結」（Electra Complex，以希臘神話中
爲父報仇的伊賴克特拉取名，亦即戀父情結）。
兒童們必須解決這些情結，人格才能發展。解

決的辦法是男孩以父親自居、女孩以母親自居
的「自居作用」，因而只與同性兒童而不與異性
兒童往來。

第二時期：從五歲到十二歲

在這一時期，兒童的性欲進入潛伏期。原
先粗野的、赤裸裸的性行為開始長時間地沉寂
下來，停止發展。這時候，兒童的「自我」繼
續顯著地發展起來，並開始以「自我」控制「原
我」，使之慢慢地適應世界的客觀條件。

第三時期：從十二歲到十八歲

這是青春發動期，在這一時期，幼年時的
性衝動全面地恢復了，性生活的主流沿著早期
發展的途徑向前推進。人的性機能成熟了，生
殖器在性生活中擁有無上的權力。人將放棄自
淫，以一個外來對象代替自身。佛洛伊德說道：

「青春期的開始帶來了新的變化，幼
年的性生活改頭換面，終於成為習見的常

態形式。在此以前，性衝動多半是自體享樂；如今則開始尋找性對象。從前每一部分性衝動都單獨作戰，各快感區各自在其特定的性目的上尋求快感。現在，一個嶄新的性目的出現了，所有的部分衝動一起合作以求得該目標，而各快感區則明顯地隸屬於生殖器這個主要區域。」

佛洛伊德認為，凡能完美地達到這一點的，是理想的（也是十分罕見的）「生殖的人格」。但絕大多數人難以達到這一點，因為在性發展時有「固定作用」和「回歸作用」兩種阻力。前者使人格發展停滯在某一階段（如肛門階段）而不能前進；後者使人格發展到某一階段復向後退。這樣，許多人在兩性關係上有微妙的、不正常的表現，諸如性戀態、性倒錯等等。

佛洛伊德關於「性本能」的發展的研究對後來「性革命」的影響主要在於，向人們指明性不但是人生下來就帶來的，而且它將伴隨著

人的一生。從幼兒開始的性意識，到青春期逐漸得到加強了，婚後性的實踐開始一直持續到老年。因此，人的一生都有追求「性解放」、「性自由」的必要。正因為如此，他的這一觀點遭到了不少的非議。誠如他在《性學理論三講》第四版序言中所說的：

　　　　「這本書的某些部分───堅持性慾乃一切人類成就之泉源，以及性慾貫穿於人的一生───自始便是精神分析學所遭阻抗裏最強烈的動機。喜歡尋找刺耳口號的人們，常提到精神分析學的『泛性主義』，無聊地攻訐它以性來解釋『一切』。若非我們早已深知情感的因素能使人們混淆和善忘，我們必將對此驚異不止。」

五、「性本能」的內容

　　現在我們來探討佛洛伊德對「性本能」內

容的界定。他在《自傳》中是這樣給「性」下
定義的：

> 「我對性觀念的發展是兩方面的。第
> 一，性一直被認爲與生殖器有密切的關
> 係，我則把它們區分開來，並視『性』爲
> 一種內容包羅更廣的生理機能；它以獲得
> 快感爲其終極目標，而生殖不過是它的次
> 要目的；第二，我認爲性衝動包括所有可
> 以用『愛』這個籠統字眼來形容的念頭，
> 那怕只是親暱的或友善的衝動……這些引
> 言中所表達的，是撤除過去常常引導人們
> 犯錯的觀念和局限性。」

在《性學理論三講》中，我們上述已探討
過，佛洛伊德是從兩個方面解釋「性」的含義
的。首先，他認爲各種性的倒錯和變態現象都
應歸結爲性的範圍；其次，兒童的成長過程本
身也經歷了性的發展過程。所謂某種性倒錯現
象，不過是固著於兒童狀態某一階段所表現的
結果。在這裏，佛洛伊德提出了自己的假設，

即力必多(libido)學說。在他看來，力必多是一種原欲，它根源於肉體，但又不能等同於單純的生理衝動，可以把它看作是心——性行為。他對力必多的規定，外觀上說明了本能有其現實的感官肉體為基礎，同時又表現在心理過程的精神方面的緊張興奮感。潛在地表明力必多儘管歸結為原欲，但由於它有精神方面的表現，就可以捨棄直接的性對象，成為昇華的某種心理能量，或者將力必多傾注於自身對象。

在《超越快樂原則》一書中，他則更進一步地說道：

> 「我們所說的性本能的力必多，相當於詩人和哲學家眼中的那種使一切有生命的事物聚合在一起的愛的本能。」

佛洛伊德在這裏提出了「愛欲」的概念，用以取代原來的「性欲」。「愛欲」在佛洛伊德那裏已經不僅是對個體心理結構和內在機制的描述，而且是對個體全部內在的行動動力的揭示。「愛欲」在容納了佛洛伊德潛意識和性本能

基本觀點的基礎上，開始觸及到精神分析學之
外的領域。並且「愛欲」本身既有其生物的本
性，它淵源於人的身體器官；同時，它又有歷
史的本性，包括了個體乃至人類的道德、宗敎、
文化等高級情感方面。

　　從上述這些介紹可以淸楚地看出，佛洛伊
德在後期對「性」作了廣義的解釋，把「性欲」
等同於「愛欲」。正如《精神分析學和辯證唯物
論》一書的作者所指出的：

　　　　「在佛洛伊德晚期著述裏，愛欲等同
　　　於已經被擴展了的性觀念，它是指一切與
　　　『愛』字相關的那些本能的力量。一方面
　　　是自我愛，另一方面是父母愛、子女愛，
　　　和一般人的人類愛，以及對於具體對象和
　　　抽象觀念的忠誠。」

　　佛洛伊德在後期強調，個體具有兩種情
感，其一是溫柔的愛戀；其二是肉欲的衝動。
他把「愛欲」劃分爲兩種類型。雖然，佛洛伊
德強調的重點是「愛欲」的本能性方面，但他

不否認「愛欲」具有高尚情感的方面，從某種意義上說，他更贊同「愛欲」的非感性的神聖的性質。他指出，訴諸於本能滿足的愛只是普遍的、感性的愛，一旦達到目的後，這種情感貫注的現象就會消失；而在那種非感性的、神聖的愛和感性的、世俗的愛相統一中，維繫這種聯繫的本能成了「其目的受到抑制」的本能。因此，他對他所愛的對象的感情帶上了「親切的」特徵。

大略一看，佛洛伊德後期對愛的解釋，與柏拉圖著名的「精神戀愛」走到一起去了。佛洛伊德本人也這樣說道：

> 「精神分析學所擴充了的性欲一詞的含義，和神聖非凡的柏拉圖所說的『愛欲』(EROS)，是多麼地相近！」

如果真的是這樣，那麼這與一味追求肉體上滿足的「性革命」信奉者的宗旨是不相吻合的。「性革命」信奉者也不會對佛洛伊德產生如此濃厚的興趣。實際情況是，佛洛伊德的「愛

欲」論與柏拉圖的「愛欲」論有著明顯的區別：

　　第一，佛洛伊德只是在後期才對性作廣義
的解釋，也就是說，只是在後期才將「性欲」
等同於「愛欲」，這與柏拉圖一以貫之的態度形
成了明顯的對照。

　　第二，佛洛伊德即使在後期對性作廣義解
釋時，也明確闡明「愛欲」的兩個方面，即肉
體的和情感的兩方面，換句話說，佛洛伊德即
使在後期，把注意力轉向非感性的、神聖的愛
之時，也沒有否認感性的、肉體的愛。柏拉圖
可不一樣，他所說「愛欲」，純粹是不食人間煙
火、沒有自身感性肉體的天使，它生存於無生
命的理想境界，成為世俗世界奉為楷模的實在
原型。

　　第三，最重要的是，佛洛伊德在後期在講
到那種非感性的愛之時，他總是強調這種非感
性的精神愛根源於感性的肉體愛。他與柏拉圖
分歧的實質在於，他並不是像後者那樣把「愛
欲」看作是人類理想和目標的結果，而是強調
「愛欲」導源於潛意識，發端於性本能，借助

於文明化的昇華途徑，才發展到柏拉圖的那種理想的高級形式。

正是由於佛洛伊德的「愛欲」論與柏拉圖的理論存在著這些區別，特別是由於他要揭示「愛欲」的原始形成基礎，即揭示它根源於性本能，所以，「性革命」的信奉者仍然在這裏找到了他們所需要的東西。

六、「性本能」的來源

佛洛伊德認為，「性本能」主要來源於以下四個方面：

(一)源自生理結構方面

生理結構上，佛洛伊德認為，人類的性器官具有一種特殊的功能和某些迄今為止尚未被人們徹底弄清楚的生理機制，可以導致性衝動。例如，佛洛伊德指出，性器官中的「性腺」可以產生某種化學反應，經神經系統傳到全

身，人的性快感就產生了。而那些所謂的「動
情區」的皮膚部分產生敏感也是很容易的。他
強調，對平衡感覺器官的作用、對皮膚的作用
以及對人體深層部分諸如肌肉和關節的作用等
等，都可以導致性興奮。從這裏可以得出結論，
性興奮、性衝動是以人體器官的某些生理結構
和功能爲主要來源之一。

(二)源自心理方面

　　佛洛伊德指出，幼兒從小有好奇心，有求
知的欲望。當然，這種求知的欲望不能說是原
始的本能，也不能完全概括在性活動的範疇
內。但是，它和性生活卻有著密切的關係。小
孩子隨著覺醒過程在其心目中產生的第一個問
題，就是「嬰兒是從哪裏來？」對此，佛洛伊
德是這樣說的：

　　　　「很多人清晰地記得，他們在青春期
　　　以前，曾經對『小孩子從哪裏來』的疑問
　　　產生強烈的興趣。答案紛繁不一。例如小

孩從胸腔跳出來，從肋下竄出來。或者從
肚臍眼裏擠出來等等。」

(三)源自大腦和神經系統結構和功能方面

佛洛伊德認為，以人的大腦和神經系統結
構及功能而言，也為性興奮和性動力的產生和
發展創造了有利的條件。嬰兒出生以後，立刻
就會出現本能性的反射動作，例如，瞳孔反射、
食物反射、巴賓斯基反射、羅曼尼斯反射等。
所有這些反射都與性興奮和性動力的產生有
關。

(四)源自外界交往方面

佛洛伊德強調，由於人的大腦和外周神經
系統的特別發達，使人的許多部位很容易在和
外界打交道時發生一種特殊的快感。即使是單
純的肌肉運動都可以使全身引起快感。這種運
動給小孩帶來的快感，從生理學和心理學的角
度來看，在本質上與成人的性活動所帶來的快

感沒有區別。

　　從上述佛洛伊德對「性本能」的來源的論述中，我們不難看出，佛洛伊德強調的是：性興奮的一個重要物質基礎就是性器官在特殊條件下產生的特殊反應。佛洛伊德在尋求性動力、性本能的根源時，所注重的還是人體的器官。

七、「性本能」的功能

　　佛洛伊德對「性本能」的地位、發展、內容、起源等各個方面的論述，其實就是為了說明一個道理，這就是：「性本能」是在人類的幼年時代產生和發生作用的，但它一旦產生，便能植入心靈的內核，成了一生中一切心理因素的基本動力源泉。

　　他在這裏主要強調的是「性本能」在人的生命和生活發展過程中的決定性作用。除此之外，在他看來，「性本能」對社會的發展也有著

至關重要的作用。在較多地介紹前者之後，下面我們著重分析一下他對於後者的論述。

佛洛伊德提出，人類的文明史就是人的性本能受壓抑的歷史，也就是說，人類的文明社會是完全建立在壓抑性本能的基礎之上，沒有性本能，沒有對性本能的壓抑，也就沒有人類文明。這就是性本能對社會發展的作用之所在。

首先，文明社會是和一定的道德、法律、宗教聯繫在一起的。而所有這一切的產生從某種意義上說，均是出於對付性本能的需要。佛洛伊德把感性的肉體愛和非感性的精神愛區別開來，認爲前者按其本性是反社會的、自私的，倘若讓它無拘無束地得以滿足，那就會天下大亂。文明社會爲了維護一定的秩序，必須用道德、法律、宗教對付它。他在《圖騰和禁忌》等著作中，提出了「伊底帕斯情結」是道德和宗教的最終根源的著名論點。

其次，文明社會是建立在一定的物質基礎之上的。豐富的物質生活資料從何而來？在佛

洛伊德看來，也正是來源於性本能壓抑、扭曲
後的轉移。按照他的解釋，日常的那種創造物
質財富的勞動是異常痛苦的，其能量發端於性
本能。在現實社會中，性本能不是被壓抑，就
是遭到扭曲。性本能被壓抑、遭扭曲，並不意
味著其能量消失了，而仍然潛在地存在。在一
般情況下，這些能量就轉移爲勞動的能量。所
以，物質財富的創造說到底靠的也是性本能。

　　最後，燦爛的文學藝術和先進的科學技術
是文明社會的象徵。佛洛伊德認爲，文學藝術
和科學技術更離不開性本能。整個文明社會是
一個禁令和限制系統，它總是從外部對人依據
快樂原則支配其活動的潛意識的本能、欲望的
衝動施加壓力。被壓抑而得不到滿足的本能、
欲望，在被排擠到「本我」領域中以後，以「被
壓抑的」形式保存著自己的心理能量，總是力
圖透過迂迴的道路得到滿足。途徑之一就是根
據昇華原則，以社會所能接受和允許的活動形
式（例如文學藝術的創作和科學技術的發明等
形式）表現出來。作爲人類文明象徵的燦爛的

文學藝術和先進的科學技術就是這樣被創造出
來的。在這種情況下，性本能儘管被昇華了（昇
華是一種間接的壓抑），但文學藝術和科學技
術被創造出來了，文明社會也在這一基礎上得
以形成和維護了。

佛洛伊德關於人類文明與性本能相互關係
的論述，後來遭到了許多人的批評，特別是賴
希和馬庫色，這在後面我們會進一步加以闡
述。但人們主要批評他的是把人類文明與性本
能完全對立起來，而他所提出的人類文明建立
在對性本能的壓抑的基礎上的觀點，還是被普
遍接受。確實，沒有性本能，也就沒有對它的
壓抑和昇華，而沒有對它的壓抑和昇華，也就
沒有人類文明。正是從這一意義上，我們說沒
有性本能，就沒有人類文明。佛洛伊德在這裏
以一個側面再次突出了性本能的功能和作用。

八、批判「性道德」

　　在佛洛伊德的著作中，對「性道德」的批判所佔的比例極少，但就是所涉及的那麼一點，卻引起了後來的「性革命」信奉者的極大興趣，他們以佛洛伊德抨擊「性道德」的一些言語為武器，向現存社會中的「性道德」展開了全面的討伐。

　　佛洛伊德在《性學理論三講》的最後一篇論文〈『文明的』性道德與現代人的不安〉中，把人類文化史分為三期。第一期裏，人的性行為是「自由自在」的；第二期裏，「除了能達成生育的那一種，所有其它滿足性欲的方法都將被壓制」；而在今天的第三期裏，「只有『合法的』生育才能是性目標了。我們目前『文明的』性道德便是第三期的代表。」

　　他以激烈的言詞抨擊今日的「性道德」，認為它限制了性欲的昇華作用，因而「能使性欲

昇華而貢獻社會的人，終究是少之又少」。他說，正因爲在現存社會中存在著根深柢固的「性道德」，所以這一社會仍然在壓抑著人們應有的正常性欲，使人們在「獨立謀生」時，「和這種強烈的本能掙扎，必將使個性趨於死板」，或者一反其道，使人們走向「性的飢餓、不忠，或者心理症」。

在該文的結尾處，他又義正辭嚴地提出了這樣的質問：

「我們心中不免常冒起一個疑問：到底我們這種『文明的』性道德值得我們去爲之忍受犧牲嗎？特別當我們尚不願完全駁斥享樂主義的人生觀，仍相信促進個人幸福乃是文化進展的一大目標的時候，我們的心裏怎能不發生這樣的疑問。作爲一個醫生，我本無權越俎代庖，設計改革的方案，我的責任只在於……指出當代性道德的嚴重後果以及它和文明人神經質增加之間的關係。我已盡了我的本分，指出改

革的急切需要，剩下來的就是如何去實行
的問題了。」

佛洛伊德的這段話儘管有點酸溜溜的味
道，但其意思還是非常明白的，即對現存社會
的「性道德」表示強烈不滿。所以難怪一個狂
熱的「性革命」信奉者看了佛洛伊德的這段話，
竟如獲至寶，借題發揮大做起文章來了。

九、對「性革命」之影響

下面我們歸納一下佛洛伊德對「性革命」
之影響。

第一，他破除了性神秘感，使人們對性問
題採取比較開明的態度。性，伴隨著人的一生。
性，人一生都在實踐它，但卻不能理解它，不
能很好地研究它。很長一個時期內，人類自身
的性問題並沒有受到正確對待。在某種意義上
說，人類各種知識中最有用，又最不完備的是

關於人的性的知識。「性革命」的一個重要宗旨
就是破除性神秘感，提倡對性問題採取開明的
態度。「性革命」的信奉者的至理名言是：「人
的身體上的一切都是上帝創造的，不必為此害
羞」。「性革命」的信奉者對於性的這一基本立
場，所受的是佛洛伊德的啟發。佛洛伊德開創
了對性，特別是對性心理作公開的、坦誠的研
究。在人類歷史上，是佛洛伊德第一個對性作
出了如此系統、坦誠的研究。佛洛伊德對性的
探討是「驚世駭俗」的，但同時又是極有意義
和影響的。佛洛伊德率先捅破了罩在性關係上
的神秘面紗，使兩性關係赤裸裸地展現在人們
面前。當然，致力於性問題研究的絕不僅佛洛
伊德一人，差不多與佛洛伊德同時期的還有靄
里斯、迪金森、金賽等人都是有名的「性學家」。
但無疑，他們的影響沒有一個人能超過佛洛伊
德的。

　　第二，他確立了性本能的至高無上的地
位，使人們有理由透過「性革命」實現「性解
放」、「性自由」。佛洛伊德對性的研究，不僅促

使了性神秘感的破除,而且確立了性本能的至
上地位。從上述我們對佛洛伊德理論的剖析中
可以知道,他的全部學說所闡明的就是:存在
於潛意識中的性本能是人的心理的基本動力,
是擺脫個人命運、決定社會發展的永恆力量。
儘管由於佛洛伊德主要是一個心理學家,所以
他的研究不可能像賴希、馬庫色那樣從哲學的
角度去論證性本能是人的本質,但不可否認,
他對於性本能的作用、地位、功能的論述,也
達到了相當的程度。因為他主要是根據豐富的
臨床經驗來進行論述的,從而又使其觀點具有
了一定的可信性。實際上,正是在佛洛伊德這
一觀點的推動下,才出現了「性革命」運動的。
他的這一觀點是為「性革命」直接提供理論依
據的。「性革命」的信奉者之所以把性的滿足看
得如此重要,之所以把「性自由」視為自己的
神聖權利,之所以要使人們得到兩性歡愉的一
切,之所以提倡隨心所欲地發生性行為,歸根
結柢,都是由於接受了佛洛伊德的把性本能視
為至高無上的「唯性主義」。

　　第三，他把性愛作爲研究的出發點，使人
們重新置性愛於情愛之上。眾所周知，在人類
祖先最終脫離動物界之前，是只知道性愛而不
知道情愛的。而進入文明社會以後，人們越來
越重視情愛而輕視性愛。大哲人蘇格拉底提
出，愛欲最初表現爲使人們迷戀肉體的感官要
求，這只是愛欲表現的低級形式。隨著人的自
我意識的增強，開始逐漸趨向於對美德的追
求，從而使愛欲上升到純粹的抽象的已經擺脫
肉體欲望的高級形式。他的學生、另一大哲人
柏拉圖則乾脆完全排斥愛欲的肉體欲望的內
容，他所說的愛欲已經成爲不食人間煙火、沒
有自身感性肉體的天使，它生存於無生命的理
想境界，成爲世俗世界奉爲楷模的實在原型。
強調情愛，強調性愛的昇華，成了人類文明的
象徵。「性革命」的信奉者與人類文明的這一信
條相抗衡，重性愛、肉欲，輕情愛。在這「性
革命」運動的具體實踐中表現得十分清楚。應
該說，「性革命」的信奉者的這一態度與佛洛伊
德也是分不開的。前面我們已作過分析，儘管

佛洛伊德在後期對性作了廣義的解釋，但其出發點是性愛而不是情愛，所以「性革命」的信奉者確實有理由把他視為性愛的提倡者。

第四，他批判了「性道德」，使人們解除了妨礙其實現「性自由」、「性解放」的精神枷鎖。「性道德」即性行為的道德準則。道德是一種社會控制力量，「性道德」是對性行為的一種控制力量。例如，強調兩性在婚前要保持童貞，婚後建立純潔忠貞的性關係，就是一種「性道德」。顯然，這種「性道德」已經被「性革命」的信奉者砸爛了。他們把「性道德」視為性摧殘，強調只要能最快最大限度地獲得性滿足，可以隨心所欲地發生性行為。雖不能說「性革命」的信奉者與「性道德」的抗衡完全起源於佛洛伊德，但佛洛伊德對「性道德」的批判具有一定的示範作用，則是確信無疑的。

第二章
「性革命」的理論
奠基人—賴希

　　賴希在西方世界以「性革命」的理論奠基人而廣爲人知。他的一部主要著作英文版的書名就叫做《性革命》。「性革命」這一詞也是首先由他發現並普及開來的。他對後來的「性革命」運動的影響之所以遠大於佛洛伊德，這除了由於他對「性革命」的論述要比佛洛伊德的更系統、全面、直接外，主要在於：一方面，他不僅提出理論，而且還努力實踐理論，親自發動和領導了轟動一時的「性－政治運動」，爲後來的「性革命」運動開了先河；另一方面，他研究的主要是「正常」的人們中間正在發生的問題，而佛洛伊德集中考察的却是那些打入

「瘋人」另朋者，這樣儘管他們所得出的結論是相同的，但他的論述顯得更可信。

一、賴希其人

　　威廉·賴希(Wilhelm Reich)，於一八九七年出生在奧地利的德意志——烏克蘭人居住區。父親是個農場主。他從小對動物的生殖功能感興趣，於是他父親專門爲他辦了一個有關的實驗室，收集了大量動物的標本，供他作實驗用。一九一八年，他考入了維也納大學醫學系，從此，開始了他不平凡的生涯。

　　他一生的活動大致經歷了以下三個時期：

㈠一九一八～一九二七年

　　他進入大學不久，便結識了佛洛伊德。一九二〇年，佛洛伊德破例吸收他爲維也納精神分析學會會員。一九二二年，他獲醫學博士學位，以後傾注全力於精神分析運動，他在維也

納創辦了「精神分析療法研究班」，贏得了「最
優秀的治療專家」的聲譽。在一九二四年召開
的薩爾茲堡精神分析大會上，他作了系統發
言，詳細地論述了精神病與生殖功能紊亂的關
係。在這段時期，他寫下的主要論文和著作有：
《兩種自戀形式》、《論性衝動》、《論生殖：從
精神分析的預防和治療的觀點看》、《對生殖力
必多的治療作用的再探討》等。

㈡一九二七～一九三四年

　　一九二七年，他參加了奧地利共產黨，從
此，他以精神分析學家和共產黨員的雙重身份
從事活動。他自己掏錢在維也納創辦了六個社
會主義性衛生診所，企圖透過這些機構，把完
成政治革命、社會革命的任務與完成心理革
命、性革命的任務結合在一起。在這期間，他
應邀訪問了蘇聯，實地考察了那裏關於性關係
方面的變化。一九三〇年，他隻身來到柏林，
自封為工人運動的「性顧問」，在工人內部發動
了一場「性－政治運動」。與這種在實際工作中

把政治的解放和性的解放加以結合相平行，在
理論上他也企圖把馬克思主義和佛洛伊德主義
綜合在一起。他相繼寫下了《性高潮的功能》、
《法西斯主義的大衆心理學》、《性格分析》、
《青年人的性鬥爭》、《文化鬥爭中的性行爲》
等著作。他的這些活動和著作遭到了來自共產
黨和精神分析學會兩個方面的反對。一九三三
年，他悻悻然離開了德國，另謀出路。

(三)一九三四～一九五七年

　　離開德國以後，他流浪奔波於丹麥、瑞典
和挪威三國，到處不受歡迎。一九三九年，賴
希在挪威宣佈發現了一種被他稱之爲「倭格昂」
(ORGONE)的生命能。同年，他接受美國精神
病研究學者華爾夫的邀請，移居美國紐約。一
九四二年，他在美國建立了一個稱作「倭格昂」
的私人診所，製造了「倭格昂能儲存器」，開業
醫治包括癌症在內的一切肉體上的和精神上的
疾病。他編輯、發行了《生命能週報》、《生命
能研究所年刊》等各種雜誌，還寫了《癌症的

生物療法》、《宇宙的疊加》、《救世主的謀殺》
等著作。一九五四年，美國的食物和藥物管理
局向法院指控賴希的「倭格昂能儲存器」是騙
人的裝置。一九五六年法院開庭，對他加以審
判，並判處他徒刑兩年。在當了八個月的「階
下囚」以後，猝死於監獄之中。

　　以一九三四年爲分界線，他的理論分爲前
後兩個時期。他對「性革命」的影響主要在前
期。「性高潮」理論、「性格分析」理論、「性革
命」理論是其前期思想的主要組成部分。

二、「性高潮」理論：論「性高
　　　潮」的功能

　　美國思想家羅賓遜指出：

　　　　「賴希一生中作出了許多足以震動整
　　個世界的發現，在這許多發現中最重要的
　　就是性高潮的功能。性高潮理論是賴希思
　　想的核心……這一坦率而又固執的觀點，

立即震動了整個世界，使人感到吃驚。」

羅賓遜的這一評價是符合實際的。後來的「性革命」的信奉者最看中的也是賴希的「性高潮」理論。

賴希「性高潮」理論主要內容可歸結為：

第一，認為所有的精神病都是由於生殖功能的紊亂，或者說沒有達到性高潮而引起的。他的原話是這樣的：

> 「精神病患者只有一個毛病，就是缺乏充分的、反覆的性的滿足，除此之外，其它原因都處於從屬的地位。」

他還強調，性高潮的功能不僅在於決定人是精神正常還是精神失常，而且在於決定人是否能獲得真正的幸福。性高潮從來不僅是人的精神生活和物質生活交接處的一種行為，更主要的，這是被稱為人的這種封閉的能量體系的核心的調節機制。假如人不能獲得恰當的性滿足，那麼他不是在肉體方面就是在心理方面患

病，就會陷入深深的痛苦之中。

第二，認爲生殖功能紊亂，主要是指性欲沒有實現，這裏的性是狹義的而不是廣義的。他說，人的「動欲區」主要是指人的生殖器，並不是指人的其它什麼部位和器官。爲了不至於漫無邊際地理解性的含義，賴希主張用「生殖器的」(genital)代替「性的」(sexual)。賴希不否認存在著性感的非生殖器的表現，但是，他認爲，只有生殖器所產生的性感才具有重大意義，其它則是無關緊要的。

第三，認爲人的性欲是一種「生理能」，即「情欲亢進力」(Drgastio Patency)。他說，「情欲亢進力」是用經濟學上的術語來表述人的這樣一種能力「透過肉體的自願和幸福的接觸，把所有受抑制的性刺激全部釋放出來」。這樣，他就得出結論：性高潮的實質是被壓抑的性能量的釋放。用這一標準衡量，他認爲，不是所有的性交都能達到性高潮，只有那種不帶有絲毫幻想成份的、有著一定時間保證的異性之間的生殖器接觸才符合性高潮的標準。他認爲，

「情欲亢進力」的發現有著重大意義，可與哥白尼革命相比。

　　賴希認為，他的「性高潮」理論的提出，是對佛洛伊德的學說作重大改造的結果。佛洛伊德到了晚年，將精神病分為兩類，一是「真正的精神病」，二是「心理性精神病」，並認為只有前者才是由於性欲不能馬上得到滿足引起的，而後者則起源於幼年時在心靈上受了創傷，長期銘刻在腦海裏。在賴希看來，這是佛洛伊德理論不徹底的表現。一個人假如不能正常地過性生活，那即使沒有「心理創傷」的經歷，也會導致精神失常；但一個人假如性生活是正常的，那即使其心靈曾受過創傷，也不一定會患精神病。他還批評佛洛伊德在後期對性作廣義的解釋。他說道，根據佛洛伊德後期的「泛性論」，作為造成「真正的精神病」的主要根源的性欲不滿足，當然不僅指兩性行為受壓抑，而且也包括其它方面的不如意；反之，要治癒這種「真正的精神病」，也就不限於使患者的生殖功能得到滿足，也可以透過其它途徑達

到這一目的。他強調，人的「動欲區」只有一個——生殖器；人的性欲的滿足只能透過異性之間生殖器的接觸。在《性高潮的功能》一書再版時，他滿有把握地、不留餘地地宣佈：精神分析療法的目的就是「使情欲亢進力得到確立」。

三、「性格結構」理論：論「性本能」的方位

　　賴希的「性格結構」理論被公認為是對精神分析學的最大的貢獻。他的這一理論對後來「性革命」運動的影響主要在於，論證了「性本能」處於人的心理結構最核心的地位，並且不具有破壞性。這樣，那些「性革命」的信奉者有「理由」去追求性的解放。

　　眾所周知，佛洛伊德提出了人格結構有三個組成部分：本我、自我、超我，它們分別處於人格結構的深層、中層和表層。賴希則提出了與佛洛伊德所說的不同的三層次人格結構：

　　表層，即「社會合作層」或「虛僞佯裝的社會層」。在這裏，人的眞正面目隱藏在親切、禮貌和謙恭的假面具之後；

　　中間層，即「反社會層」。這是「次級衝動」的總和，即由各種原始的、粗野的和毀滅性的衝動所組成。當健康的本能衝動受到壓抑時，才會形成這一「中間層」；

　　深層，即「生物的核心層」。他說道：

> 　　「在精神病機制的底部，在所有有害的、怪誕的和非理性的幻想和衝動的背後，我發現了一種單純的、眞實的和體面的本性。」

　　他認爲在這「生物的核心層」中有著兩種人的本能衝動：一是性欲衝動；二是自然的社會性衝動。人在放射出這兩種衝動時，將會表現出誠實的、熱愛勞動的、足以顯示眞誠愛情的本質。

　　顯然，賴希的這一「三層次人格結構」說把性本能置於人格結構的最核心的地位。按照

他的解釋，最核心的也就是最本質的、最原始的。他雖然沒有像後來的馬庫色那樣，由此進一步得出性本能是人的本質的結論，但也已接近於這樣的觀點。既然性本能處於最核心的地位，那麼性本能的實現與滿足就比什麼都重要了。

　　賴希的這一「三層次人格結構」說更重要的是論證了人的性本能沒有破壞性成分，從其根本的生物性上說，就是善的和愛的。佛洛伊德也把性衝動作爲人的最原始的本能衝動，但他反覆論證，說這種性衝動具有原始性、非邏輯性、非道德性和非理性，認爲性衝動根本不考慮現實的客觀條件的限制，根本不顧及客觀世界及人的存在本身的規律性，一味地要求無條件的滿足，也就是說，性衝動爲了滿足它的要求，根本不顧及社會的「是」與「非」的標準。賴希堅決不同意佛洛伊德對性衝動的這種估價，他認爲性衝動對人類的意義，不僅在於人類透過它的滿足可以得到最大的幸福，而且在於它本身是一種建設性的原動力，能促進人

類文明的發展。他強調性本能按其本來面目是
「純潔的」、「體面的」、「建設性的」，只是由
於受到自我的控制和壓抑，它才在人的意識
中，「產生折射和變相」，成了次級中間層上的
衝動，因而才具有了破壞性。

　　賴希從認定人的性本能不具有破壞性出
發，推倒了佛洛伊德把人類文明與性壓抑聯繫
在一起的觀點。佛洛伊德在《文明及其不滿》
一書中，把人類文明和性本能的滿足完全對立
起來，論證現代社會壓抑人的性本能的合理
性、必然性。賴希承認，自己對這部書的出版
也負有一定責任。因為這部書是在佛洛伊德的
家庭討論會的基礎上寫成的，而他本人也是家
庭討論會的成員。在當時，他認真聆聽了佛洛
伊德的有關這方面的講話，並且也同聲附和。
後來，隨著「性格結構」理論的建立，他從根
本上改變了對性本能的看法，認定原始本能中
沒有破壞性成分，性本能非但不邪惡，反而很
高尚。於是，他決心修正原先把文明與性本能
對立起來的觀點。既然人的性本能並不是與文

明對立的，性本能的滿足就是天經地義的，人們便沒有理由不讓它自由自在地得以滿足。

賴希對性本能不具有破壞性以及性本能與人類文明不相對立的論證，後來被馬庫色予以系統地發揮，成了「性革命」的信奉者追求「性解放」的一個重要理論根據。

四、「性革命」理論：論「性革命」的意義

「性革命」理論是在「性高潮」理論和「性格結構」理論的基礎上形成起來的。羅賓遜說，賴希對性高潮功能的論證，對性格結構的揭示，都是「爲他的關於進行性革命的號召提供科學根據」。

賴希認爲，馬克思主義的社會革命論只是一種宏觀革命論。這種革命觀用政治、經濟領域裏的革命代替一切，完全忽視去進行一場反對諸如家庭、學校和教會等舊社會的這樣一些設施對性本能的摧殘和歪曲的鬥爭。他說道：

「不管馬克思對資本主義經濟規律的
發現是多麼輝煌，多麼具有重大意義，它
本身尚不能解決人類奴役和自我征服問
題。」

　他強調，馬克思主義的宏觀革命論必須用
微觀革命論來補充：一方面推翻資本主義的國
家和資產階級的財產關係，另一方面改變家
庭、社會培養人、教育人的方式；一方面實現
外部世界的革命化，另一方面改造群衆意識的
「內部結構」。

　他進一步提出，所謂「微觀革命」實際上
就是性革命。他把「微觀革命」稱作性革命則
反映了他突出性的改革在「微觀革命」中的地
位的基本立場。他認爲，「微觀革命」的內容很
廣泛，例如文化革命、教育革命、思想革命，
甚至勞動條件的改善，都屬於「微觀革命」的
範圍，但其中處於核心地位的顯然是「性革命」
這一中心環節。爲什麼呢？在他看來，這主要
由於「性革命」除了具有其它方面革命的一般

意義外，還具有特殊意義。

　　第一，「性革命」能帶來「性健康」，而「性健康就是人的自由和幸福」。他說，欲知「性解放」、「性自由」所帶來的幸福是一種什麼性質的幸福，必須首先搞清楚性壓抑對人的束縛是一種什麼性質的束縛。在他看來，性束縛所導致的不是人的某種功能的失調和不自由，而是人的所有功能的總失調和不自由。他說道：

　　　　「那裏有著道德調節，有著這種調節
　　　　的工具，也就是說，存在著性的壓抑，那
　　　　裏就不可能有人的眞正自由和幸福。」

　　基於這一觀點，他得出結論，「性革命」給人帶來的不僅是「性的解放」和「性的自由」，而更重要的是整個人的本質的解放，整個人的本質的自由。他的至理名言是：「性健康與自由和幸福同義。」他還這樣說道：

　　　　「如果一個社會已成功地改變了社會
　　　　條件，使今天對性的否定被對性的肯定所

替代，那麼，重新塑造人類的理想就變成
了現實。」

　　第二，「性革命」能「成爲新社會的助產
婆」，能製造新的社會形態。他問道：統治階級
肆無忌憚地奴役人、壓迫人，是靠手中的權力、
軍隊、監獄這些鎮壓工具，還是靠榨取「剩餘
價值」這種剝削手段呢？他認爲都不是。在他
看來靠的是「透過壓抑人們的性本能創造出爲
保護自己所需要的那種性格結構」。既然他把
性壓抑視爲統治階級用於維護自己統治的主要
支柱，那麼他必然由此得出結論，一旦「性革
命」推倒了這根支柱，整個統治機構便會土崩
瓦解。他進而指出，「性革命」在破壞舊制度的
過程中還會建設新制度。面對壓抑人的罪惡社
會，性本能是一種破壞力量，而對美好的人道
主義社會來說，它將是最重要的建設者。透過
「性革命」所釋放出來的能量，完全可以用於
建設一種新的社會形態。「性革命」之所以是革
命的，不僅在於它破壞了一個舊世界，更重要

的在於開創了一個新世界，「應當把『性革命』看作是一個自由社會的必經之路」。

五、「性革命」理論：論「性革命」的內容

那麼，「性革命」究竟如何具體進行呢？

賴希指出，「性革命」要比政治革命困難得多，因為後者只需要一個為群眾所信賴的、堅定的、有教養的領導集團就行了，而前者則需要群眾的參加，它是一場群眾運動。在「性革命」方面沒有權威，那些自稱為性衛生專家和性學家的人被禁欲主義所侵蝕，因此要從他們那裏奪取「性健康」。

(一)維護青少年的性權利

正如羅賓遜所指出的：

「賴希的所有作為心理學家、社會理論家和政治評論家的著作，都不約而同地

　得出了一個簡單的結論：需要進行一場永
遠維護青少年性權利的革命。」

　在賴希看來，維護青少年的性權利之所以
如此重要，主要在於現存社會裏的一切罪惡與
腐敗都是由對青少年實行禁欲主義所引起的。
本來，青少年的自然性欲是神聖的，但現在這
種自然性欲遭到嚴重的侵犯。社會對青少年的
性壓抑的嚴重性和殘酷性超過了對社會任何一
個階層的性壓抑。他要求對青少年進行性的教
育，為即將進入兩性關係的青少年作心理準
備。他說，性生活的新秩序必須從對青少年的
教育的變化開始。他還要求給青少年提供法律
保障，以反對雙親、教師和政府當局的性暴政。
他說，由於青少年的性欲的滿足對於一個性壓
抑的社會來說，是毀滅性的衝擊，所以任何人
只要稍微提及這些權利，馬上會遭到社會各方
面的反對，原來相互衝突的各類人群，各宗教
派別的成員、社會主義者、共產主義者、心理
學家、醫生等等，卻都團結一致。在這種情況

下，如不制訂相應的法律，青少年的性權利是
無法得到保障的。他又要求設立相應的機構，
採取相應的措施，爲青少年的性滿足提供方
便。這包括爲青少年實現性要求提供必要的場
所和工具。

(二)區別生育與性行爲

在他看來，成年人，尤其是成年婦女，爭
取性自由的鬥爭需要解決的一個關鍵問題是把
「生育與性行爲區別開來」。由於不能把兩者
區別開來，所以婦女成了生兒育女的工具，被
剝奪了性快感。這裏必須明確的一個重要問題
是「性行爲」是目的還是手段。對把「性行爲」
當作是生兒育女的手段的人來說，當然不會在
男女的交媾中獲得快感的。

從提倡「區別生育與性行爲」出發，他又
竭力主張婚姻的絕對自由，即結婚的絕對自由
和離婚的絕對自由。他說，一個社會婚姻自由
的程度可以用來衡量這個社會文明的程度。結
婚和離婚，都是由配偶雙方的自由意志所決定

的，如果配偶的一方決定終止性關係，他或她
沒有提供理由的義務，要求申請離婚者申述離
婚的理由是沒有意義的。他強烈地批判了在婚
姻關係上的關於「忠誠」的思想。他說，一提
倡「忠誠」，兩個人之間的結合便非性的結合
了，對「配偶」的「忠誠」意味著出於道德的
考慮，主動地堵塞自己性本能實現的道路。

　　他還提出，爲了切實做到「區別生育與性
行爲」，還必須維護人們避孕和人工流產的權
利。他反對把避孕和人工流產說成僅僅是爲了
節制人口，認爲這主要是爲了讓人們毫無顧慮
地滿足自己的性欲望。

(三)消滅家庭

　　在賴希看來，家庭是壓抑人的性欲望的主
要場所，是「製造順從動物的工廠」，因此「性
革命」必須首先在家庭這個舞台上展開。他說，
在現在這種家庭中成長起來的兒童，滿腦子是
性道德觀念，他們把性壓抑視爲理所當然。在
「家庭幸福」、「舒適家庭」、「和平棲室」的外

表下，掩蓋著深重的性痛苦。

他認為，現在的家庭結構是一種「父－母－孩子」三等級的結構，這種結構最適合於進行性壓抑，父親實行「性暴政」，它使得青少年難於，甚至有時是不可能向性的現實邁出第一步。

基於上述分析，他提出，進行「家庭革命」必須由兩個方面展開努力：一是堵塞反動的意識形態進入家庭的道路；二是解除家庭的「三等級」結構。而後者實際上就是一個「消滅家庭」的問題。

他根據摩爾根、恩格斯、馬林諾夫斯基的有關理論，認為古代的母權制家庭是沒有性壓抑的家庭。人類歷史的悲劇在於，這種田園牧歌式的家庭最終讓位於恐怖的父權制家庭。他認為，「消滅家庭」實際上主要是消滅父權制家庭，而與此同時恢復母權制家庭。

(四)廢除一切道德觀念

他認為，道德觀念的主要功能是壓抑性本

能，而這種道德觀念是別有用心的人製造出來
的。他們不能容忍人們的自然性欲得以滿足，
自己想過滿意的性生活卻又無法得到，於是就
制定出道德觀念來控制他人。他這樣說道：

> 「有關婚姻義務和家庭權威的強制性
> 道德乃是膽小鬼和無能之輩的道德，這些
> 人害怕生活，不能透過愛的自然權利去獲
> 得他們想借助婚姻法和警察為自己獵取的
> 東西。」

他還指出，借助道德是無法真正得到性快
感的。他這樣說道：

> 「如果一隻被皮帶牽著的狗不逃走，
> 沒有人會因此便認為它是忠誠的伙伴，如
> 果一個男人與一個被道德捆住手足的女人
> 睡覺，那明智的人會不屑於提到愛的。」

他強調，對於道德，不僅僅是改變形式的
問題，而是從根本上砸碎一切道德枷鎖。革命
道德是資產階級道德的換湯不換藥。他說，過

著滿意性生活的人無需強姦，因而也不需要任
何反對強姦的道德。

　　賴希上述四個方面的關於對「性革命」具
體方式的設計，後來都被「性革命」的信奉者
所採納。有的還化爲其行動的口號，在實際生
活中起了很大的作用。「性革命」的反對者對賴
希的批評，往往是從這裏開始的。

六、「性革命」與「性混亂」

　　一方面鼓吹「性革命」，提倡「性解放」、
「性自由」，另一方面又反對「性混亂」、「性犯
罪」，這兩者似乎是不能統一在一起的，但賴希
認爲是完全一致的。他的基本觀點是：只有透
過「性革命」才能杜絕「性犯罪」，只有實行「性
解放」、「性自由」才能消除「性混亂」。論證兩
者之間的一致性，是賴希「性革命」理論的重
要組成部分。

　　強姦、賣淫這樣的「性犯罪」是怎樣造成

的？他認為，「是性壓抑造成了以強迫性為主
要特徵的性犯罪」。一個「性飢餓」的人會膽大
包天地獵取他所追求的目標，他可以把法律、
道德觀念完全置之腦後。開展「性革命」是為
了讓每個人都能滿足自己原始的性欲望，一旦
社會上沒有了「性飢餓」者，也就剷除了「性
犯罪」的土壤。賴希說道：

　　　　「正像並不飢餓的人不必偷竊一樣，
　　過著滿意性生活的人也無需去強姦。」

　　為什麼會出現亂倫、通姦這樣的「性混
亂」？一夫一妻制婚姻為什麼面臨解體？他認
為，這是由於缺少「性自由」所引起的。缺少
「性自由」的主要後果是「並不相愛的人硬湊
合在一起」，而「湊合夫妻」之間的性生活是肯
定不會和諧、幸福的。他們往往出於道德或經
濟的原因仍維持著夫妻關係。但這樣的夫妻關
係是不能持久的，「一夫一妻傾向會轉向其反
面」。夫妻雙方都會重新去尋找新的侶伴，以求
獲得真正的性快感，這樣，原有的夫妻關係或

者名存實亡，或者乾脆解體。一個男人或女人往往同時與幾個異性發生性關係，這就是「性混亂」。實行「性自由」，能確保真正相愛的人生活在一起，如果各自找到了理想的配偶，一夫一妻制就能維持下去，一個在其配偶那裏已完全獲得性滿足的人，無需再去尋花問柳，無需藉由「通姦」去「彌補」。他這樣說道：

　　「具有性欲滿足能力的人，要比那些性欲功能混亂的人，更能適應一夫一妻制。」

　　為了將自己所主張的「性解放」、「性自由」與「性犯罪」、「性混亂」嚴格區別開來，為了讓人們進一步了解自己究竟推崇什麼，反對什麼，賴希還明確規定了什麼是應該限制的「性混亂」，什麼是應該實現的「非性混亂」。

　　他認為以下九個方面屬「性混亂」的範圍：

　　1.即使配偶不情願，硬是要維持自己的「性權利」和「性義務」；

2. 在沒有充分了解對方的興趣、特點之前，就以身相許；

3. 看到容易弄到手的工人階級的女兒就千方百計地去勾引，看到「帶刺的」資產階級小姐就表現出一付正人君子的樣子；

4. 對「新婚之夜」充滿了猥褻的幻想，但實際上不是完全的禁欲就是實行野蠻性交；

5. 男性性欲發洩，到處「捕捉」處女的「誘惑」；

6. 還未成年時就用色情圖片進行自我刺激，但成年後卻極端看重婦女的「忠貞」；

7. 懲罰兒童的自然性行為，以「遺精會帶來脊椎萎縮病」來恐嚇處於發育期的男性青年；

8. 熱衷於出版、發行色情、淫穢讀物；

9. 透過拍攝給青年人帶來嚴重感官刺激的影片賺大錢，與此同時，又在維護道德

和文明的名義下，阻礙青年人自然地獲
得享樂和愛情。

下述八個方面，他強調非但不屬於應禁止
的「性混亂」，而且還應大力發揚：

1. 兩個互相眞誠相愛的人不顧現存的法律
　與習慣，在肉體和精神上結合在一起；
2. 把兒童和青年人從罪惡感下解脫出來，
　讓他們享受適合於他們所處的發育階段
　的快感；
3. 在懂得什麼是男女之間的性和諧之前，
　避免與異性交媾；
4. 假如不想撫養它，並且也缺少撫養的條
　件，就不把孩子生下來；
5. 絕不把愛與肉體接觸視爲一種義務；
6. 絕不到妓女那裏尋歡作樂，找一個與自
　己平等的伴侶；
7. 不在拱廊下、地下室裏或小巷裏姦合，
　把房事限制在自己的私人臥室裏進行；
8. 不因「道德考慮」維持不幸福的家庭。

七、「性－政治運動」綱領

　　爲了進一步了解賴希所倡導的「性革命」
的內容與實質，有必要具體考察一下他親自發
動和領導的「性—政治運動」的綱領。

　　「性—政治運動」的前身是「心理—衛生
運動」。一九二九年一月，賴希和四個精神分析
學家、三位產科醫生一起，在維也納建立了「社
會主義性諮詢和性研究學會」，並以這一學會
的名義，創辦了六個「性衛生診所」。賴希爲它
們確定的任務是：在育人方法、婚姻問題、計
劃生育、性教育等方面提供訊息和提出勸告。
他公開宣佈：「性衛生診所」爲任何需要在這
方面提供幫助的人服務，包括未婚青年。當時
傳統的觀念是，讓未婚青年涉及這些問題是「不
道德的」；賴希則針鋒相對地提出，他們給青年
提供這些幫助是「最有道德的行爲」。

　　他提出，透過「性衛生診所」的工作要爲

人們爭取三個方面的權利。這三個方面的權利
是：

（一）妊娠中斷權

　　他說，一般說來，人們總是出於這兩方面
的考慮要求中斷妊娠，即進行人工流產：一是
妊娠對母親的健康構成了危險；二是胎兒本身
不健康。實際上，「妊娠中斷」是每一個婦女的
神聖權利。他說道：

　　　「從一開始，我就堅持這一觀點：凡
　　是違背自己的意願而懷孕的婦女都有權中
　　斷妊娠。」

（二）避孕權

　　他說，當時人們羞於討論避孕問題，他要
爲避孕獲得體面地位而鬥爭，讓每個人都知
道，避孕是自己的權利。他強調，實行避孕可
以確保人們過眞正富有激情的愛情生活。

(三)自由戀愛婚姻權

他說，現在人們在戀愛、婚姻時往往還有許多強迫的因素起作用，他的目的是要讓任何彼此相愛的人都有權結合在一起。

總結「性－衛生運動」的實踐，在一九三○年召開的「世界性改革聯合會」第三次代表大會上，他提出了「性革命」的初步綱領。其主要內容是：男女平等；消除對未婚母親和非婚生兒童的歧視；廢除限制計劃生育和人工流產的法律；開展積極和建設性的性教育；改革結婚和離婚法。

那次代表大會結束以後，賴希來到柏林，發動和領導了歷時四年之久的「性－政治運動」。他為這一運動制定的具體綱領是：

1. 向人們免費提供避孕工具，大力宣傳生育控制，減少人工流產；
2. 完全廢除對墮胎的禁止，為懷孕婦女和哺乳母親提供經濟援助和醫療方便；

3. 在法律上取消已婚和離婚的區別，實行
   婚姻自由，透過再教育消滅賣淫現象，
   採取經濟措施杜絕產生賣淫現象的根
   源；

4. 透過充分的性教育來消除性病，用健康
   的性關係來取代雜亂的性行為；

5. 採取積極向上的教育方式解決性問題，
   根除精神病，研究性教育法，建立性治
   療所；

6. 就與性衛生有關的一切問題，對醫生、
   教師等加以培訓；

7. 用治療取代對性犯罪的懲罰，透過改進
   教育方法和根除其經濟起因來防止性犯
   罪。

八、對「性革命」之影響

　　現在，我們就來歸納一下賴希對「性革命」
之影響：

　　第一，他在二、三十年代發動和領導的
「性－政治運動」爲以後的「性革命」運動開
了先河。一講起當前的「性革命」運動，人們
馬上聯想起當年賴希發動和領導的「性－政治
運動」。確實，兩者之間有著內在聯繫。無論是
所提出的口號、綱領，還是所進行的方式，兩
者有驚人的相似之處。從某種意義上說，後者
是對前者的繼承和發展。那些「性革命」的信
奉者實際上正是按照當年賴希的「藍本」「設計」
其行動方案的，只不過增加了一些富有時代氣
息的新內容而已。當年，賴希曾這樣抨擊一些
對「性革命」的非議：

　　　　「這是十足的反動，是性不健康的人
　　對性健康的人爲爭取性幸福而展開的鬥爭
　　的反動。在我看來，在這一世界上，沒有
　　比此更可惡和可恨的了，沒有比此更能潛
　　移默化地慫恿人們去蒙受苦難了。」

　　現在，「性革命」的信奉者也常用這樣的話
來回答他人的攻擊。當年賴希所發動和領導的

「性－政治運動」的規模亦是夠大的。僅在德國，就在全國建立了八十多個性改革組織，統轄於他所直接控制的「無產階級性政治聯盟」。其正式成員就有三十五萬二千人之多，非正式成員更不計其數。他還建立「性政治出版社」，專門出版有關這方面的書籍。後來的「性革命」的信奉者也完全仿效賴希的做法，只是規模更大，而組織沒有那麼嚴密而已。

　　第二，他把「性改革」與「政治改革」結合在一起，從而使「性革命」具有了馬克思主義色彩。賴希力圖突出「性革命」的政治性。他強調，「性改革」和資本主義制度是不相容的。圍繞著「性革命」要不要在現存的社會的範圍內進行，他的兩個助手展開了激烈的爭執。其中一人堅持「性革命」必須在現存的社會的框架內進行的觀點，另一人則完全贊同賴希的立場，認為「性革命」是摧毀現存社會的一顆重磅炮彈。賴希從強調「性革命」的政治性出發，把「性－政治運動」視為工人運動的一部分，他自封為工人運動的「性顧問」。他還

指出,「性－政治運動」的「政治性」又體現在
精神分析學與馬克思主義的「結盟」上,他說,
精神分析學和馬克思主義分別是「性－政治運
動」的「母親」和「父親」。賴希的這些觀點和
做法,遭到了來自共產黨和精神分析學會兩個
方面的反對,共產黨把他開除出黨,佛洛伊德
則與他斷絕關係。儘管如此,由於他把「性改
革」與「政治改革」結合在一起,從而使以後
的「性革命」具有了馬克思主義色彩。當然,
真正對此產生影響的是馬庫色,正是馬庫色使
「性革命」運動成了「新左派」運動。

　　第三,他對蘇聯「性改革」的經驗教訓的
探討,為以後的「性革命」運動提供了借鑒。
一九二九年九月,賴希應邀訪問了蘇聯,透過
訪問,他得出結論:蘇聯人正在進行一場性質
類似於他在奧地利、德國發動的「性－政治運
動」,但其規模卻大得多的「性革命」。以後,
他一直密切注意著蘇聯的發展動向。他發現,
在他離開蘇聯後的幾年時間裏,蘇聯的形勢急
轉直下,「『性革命』夭折了」。一九三五年,他

收集了有關蘇聯的大量材料，並在此基礎上，
寫下了《蘇聯為爭取新生活的鬥爭》(《性革命》
一書的下卷)，探討了蘇聯「性革命」的經驗教
訓。他高度讚揚列寧在十月革命後所頒佈的一
系列法令，認為這些法令「掀起了反對否定生
活的性秩序的『性革命』的浪潮」。他說，當時
人民群眾在這些法令頒佈以後所表現出來的興
奮程度，遠遠超過在聽到沙皇統治結束時所表
現出來的興奮程度。後來這些法令之所以變成
一紙空文，禁慾主義捲土重來，一個重要原因
是，在蘇聯沒有一批既有理論又有實際經驗的
精神分析學家。他說，蘇聯的「性革命」實際
上是一項沒有理論指導的運動，它只是依靠「把
上面的行政命令和下面的自發性結合在一起」
得以維護的。這種缺乏理論指導的缺陷隨著「性
革命」的深入，暴露得越來越明顯。後來的「性
革命」信奉者，特別是「性革命」的理論家，
常常用賴希在這裏所作的「探討」，來探討當今
的「性革命」。

　　第四，他對「性革命」的實質與意義的系

統論證，爲以後的「性革命」運動提供了依據。
構成賴希後期理論的三個主要的組成部分
──「性高潮」理論、「性格結構」理論、「性革
命」理論，從不同的角度論證了「性革命」的
意義，即論證了人類爲什麼迫切需要進行一場
「性革命」。「性高潮」理論透過論述「性高潮」
的實現與人的身、心健康的關係，來說明促使
人類達到「性高潮」的重要性。「性格結構」理
論透過論述「性本能」存在於人的心理的最深
處，透過論述這種「性本能」本身不具有破壞
性，來說明「性本能」的實現對人生、對社會
之意義。「性革命」理論透過論述「性革命」能
帶來「性健康」，而「性健康就是人的自由和幸
福」，透過論述「性革命」能「成爲新社會的助
產婆」，能製造新的社會形態，來說明「性革命」
是拯救人類、創造新世界的主要途徑，是人類
總解放運動中的一個重要組成部分。賴希還針
對人們對「性革命」、「性解放」、「性自由」的
種種疑慮，獨特地論證了只有實行「性解放」、
「性自由」才能消除「性混亂」、「性犯罪」。賴

希的這一論證確實頗有說服力，連對「性革命」
基本上持否定態度的英國學者Ｄ‧博特拉也不
得不這樣說：

> 「在這種混亂的局面下，再沒有比賴
> 希所指出、作為他整個社會學理論基礎、
> 關於性混亂與性解放之間質的區別，更能
> 有價值地幫助人們保持清醒的頭腦了。」

由於賴希是作為一個精神分析學家、心理
學家作出這些論證的，以深厚的實踐經驗作為
依託，所以具有一定的說服力。後來的「性革
命」的信奉者在說明自己的行為的意義時，往
往以賴希的這些論證作為「理由」。

第五，他所提出的「性革命」的各種措施，
後來為「性革命」的信奉者所全盤接受。儘管
賴希反覆申言，要把「性解放」、「性自由」與
「性混亂」、「性犯罪」區別開來，透過「性解
放」、「性自由」來消除「性混亂」、「性犯罪」，
但是，這實在是他的「一廂情願」，他所提出的
一系列措施最終還是導致了他所不願意看到的

「性混亂」、「性犯罪」。賴希所提出的「性革命」措施，無論是「維護青少年的性權利」、「區別生育與性行爲」（以及由此引出的「婚姻」、「人工流產」、「避孕」的絕對自由），還是「消滅家庭」、「廢除一切道德觀念」，後來都被「性革命」的信奉者「原封不動」的付諸實施。其產生的後果是衆所周知的。現在人們常常列數「性革命」的「罪責」，例如，家庭分崩離析、未婚少年媽媽的增多、婚姻上的「杯水主義」、黃貨泛濫、性犯罪案件激增、變態的性病的發展、性病蔓延、愛滋病的擴大等等。其實，所有這些都可以追溯到賴希對「性革命」的「設計」。

第三章
「性革命」的理論旗手
—馬庫色

在越南戰爭處於高潮的六十年代初，美國伯克利舉行了一次規模空前的反戰示威。當遊行隊伍接近示威目標——奧克蘭軍用車站時，遇到了身穿黑色制服、頭戴鋼盔的武裝警察。這些警察組成十排人牆，擋住去路。這時，遊行隊伍並沒有像通常那樣，與警察展開一場血戰。相反，「在可怕的兩、三分鐘以後，成千上萬的遊行者在街上坐下來，有些人拿出了吉他和口琴，人們開始『擁抱』、『親吻』，遊行就這樣結束了」。馬庫色當即發表演說，聲稱這次遊行是在他的「愛欲解放」論、「性革命」論的影響下組織起來的。他說：「你們可能認爲這是

很荒唐可笑的，但是在我看來，在這裏，這種
自發的道德的和性的反抗與政治上反抗的聯
合，到頭來也許不會不給人們留下印象，甚至
給敵人也會留下印象。」六、七十年代的「新
左派」運動以及與此相關的「性革命」運動，
是與馬庫色的名字聯繫在一起的。馬庫色是「性
革命」的旗手。

一、馬庫色其人

　　赫伯特・馬庫色(Herbert Marcuse)，於一
八九八年出生在德國柏林的一個猶太資產階級
家庭。一九一七年曾參加德國社會民主黨左
翼，後因對該黨叛變革命、實施暴力的行徑不
滿而於一九一九年退出。隨後便到佛萊堡大
學，先後受教育於現象學大師胡塞爾和存在主
義創始人海德格，並在海德格指導下，於一九
二二年寫成了博士論文《黑格爾的本體論與歷
史理論的基礎》，獲佛萊堡大學哲學博士學位。

以後，他又從事六年的書籍出版、發行工作。
一九二九年，他重返佛萊堡，進行哲學研究，
三年後又因與其老師海德格在政治觀點上發生
分歧而離開了這個城市。這時，他結識了正在
爲法蘭克福大學社會研究所網羅人才的馬克
斯・霍克海默(Max Horkheimer)，並成爲該
研究所的正式成員。當一九三三年希特勒執政
時，他亡命瑞士日內瓦，在法蘭克福大學社會
研究所預設在該地的辦事處供職。次年他移居
美國並於一九四〇年起在美國定居。那時他在
法蘭克福大學遷往哥倫比亞大學的社會研究所
主持工作。第二次世界大戰期間，他曾在美國
國務院情報研究所任職，戰後任東歐組組長。

　　以後他又重返教壇，先後執教於哥倫比亞
大學(一九五一年)、哈佛大學(一九五四年)、
勃蘭第斯大學(一九五四～一九六七年)、加利
福尼亞大學聖地牙哥分校(一九六七年起)。在
此期間，他並未自囚於書齋，而是積極干預現
實，特別是對六十年代末發生於西歐、北美的
學生造反運動、「性革命」運動傾注了巨大的熱

情。他被公認爲這場運動的「精神領袖」、「青
年造反者之父」、「發達工業社會最重要的馬克
思主義理論家」。甚至被拿來與馬克思、毛澤東
相提並論,並列稱爲「三M」(Marx、Mao、
Marcuse)。一九七九年七月二十九日,他在應
馬克斯－普朗克研究所之邀赴西德訪問和講學
途中,逝世於施塔貝恩克,享年八十一歲。

馬庫色畢生致力於把某些哲學思潮與馬克
思的學說相結合,這種說法是完全符合事實
的。然而,他和任何一位大思想家一樣,在其
一生漫長的學術生涯中,如果不說其理論觀
點,至少其研究重心,也發生過一系列的轉折。
他先後發表的大量著作就留下了其思想發展的
痕跡。在《歷史唯物主義現象概要》(一九二八
年)、《論具體的哲學》(一九二九年)中,他提
出了一種被稱爲海德格－馬克思主義的學說,
把馬克思主義的歷史哲學解釋成爲能實現完整
的人而解放必然的新現實的激進行動的理論。
這可以說是把存在主義與馬克思主義結合的最
初嘗試。他發表於柏林《社會》雜誌上的《歷

史唯物主義基礎新材料》（一九三二年），表達
了他對當時剛問世的馬克思的《一八四四年經
濟學－哲學手稿》的獨特看法，最早提出了有
關「兩個馬克思」，並要求回到作爲一個人道主
義者的青年馬克思的觀點。他在進入法蘭克福
學派以後所著的《哲學與批判理論》（一九三七
年）和《享樂主義》（一九三八年）二書中主要
認爲，哲學的重要功能是對存在的批判。這一
觀點奠定了法蘭克福學派著名的社會批判理論
的基礎。他在《理性與革命》（一九四一年）中，
從黑格爾哲學立場出發，進一步闡發了這一觀
點。他試圖揭示馬克思理論中的黑格爾根源，
從而提出一種黑格爾主義的馬克思主義理論。
進入五十年代以後，以《愛欲與文明》（一九五
六年）爲開端所發表的一系列後來被稱爲青年
造反運動教科書的著作則表明，馬庫色的思想
發生了一個新的轉折：用佛洛伊德的理論補充
馬克思的思想，並以此爲武器批判發達資本主
義社會，描繪未來社會的藍圖。屬於這方面的
著作還有：《蘇聯的馬克思主義》（一九五八

年），批判蘇聯的理論與實踐，違背了馬克思原
來的設想；《單面人》（一九六四年），主要批
判現代資本主義社會把既有物質需要又有精神
需要的雙面的人變成完全受物質欲望支配的單
面的人，把具有批判功能的哲學變成與統治階
級利益協調一致的單面的思想；《論解放》（一
九六八年），要求由積極的少數人去教育和拯
救必然是被動的多數人，以消除資本主義社會
的弊端；《反革命和造反》（一九七二年），則
是對六十年代末的「新左派」運動、「性革命」
運動的總結。

　　以五十年代為分界線，馬庫色的理論也可
分為前後兩個時期，而對「性革命」運動直接
產生影響的則是其後期理論，特別是《愛欲與
文明》一書的思想，該書與佛洛伊德的《性學
理論三講》、賴希的《性革命》一起，被「性革
命」的信奉者奉為「經典」著作。

二、論「解放性欲」的現實性

　　馬庫色贊同佛洛伊德關於「人類的歷史就是性欲受壓抑的歷史」的判斷，但他認為，佛洛伊德的這一判斷只能說明歷史的過去，而不能說明現在，更不能說明將來。他竭力反對佛洛伊德把人類文明與性欲對立起來，認為在文明社會裏不可能實現「性欲解放」的觀點。馬庫色理論的特色是不僅論證了「性欲解放」的必要，而且還論證了「性欲解放」的可能性、現實性。可以說，對「性欲解放」的必要性的論證，馬庫色並不比佛洛伊德高明多少，甚至還比不上差不多與他同時代的既有理論又有實踐的金賽等人，但他對「性欲解放」實現性的論證，確實要遠比他人深刻。當人們透過佛洛伊德、賴希的著作，知道了性本能的實現對人生具有何等重要意義以後，急切想要了解的是性本能的實現是否具有可能，也就是說，在文

明社會裏，人們究竟能否享受「性欲解放」的
幸福。馬庫色的著作，正是對此作出了回答，
而且是作出了肯定的回答。正因爲如此，馬庫
色的理論特別受到「性革命」的信奉者的青睐，
其實他們對馬庫色理論感興趣的也就是在這
裏。請看美國嬉皮思想家 J・羅賓怎麽說：

　　　　「從馬庫色的書裏我們知道，從今以
　　　　後，人們可以不要去工作，而整天去盡男
　　　　女之樂。」

　　「性欲解放」能否成爲現實，關鍵在於壓
抑性欲是否合理。如果在文明社會裏對性欲的
壓抑是合理的，從而也是不可避免的，那麽人
類就無望建立「性欲解放」的文明社會；如果
對性欲的壓抑是不合理的，完全可以避免的，
那就說明人類的文明與性欲並不完全衝突，建
立一個「性欲解放」的文明社會是完全現實的。
佛洛伊德認爲，壓抑性欲是合理的、必然的，
理由之一是性本能的反社會性，「未受控制的
性本能追求一種文明所不能給予的滿足」，所

以，「必須轉移它的目標，對它加以壓抑」，「這種壓抑是社會進步的真正前提」。在佛洛伊德看來，壓抑的根源在於人類的性欲本身。馬庫色則認為，以性本能的反社會性來作為壓抑性欲的合理性的理由是不能成立的。在他看來，全部的關鍵在於，與人類文明衝突的只是性本能的某種「扭曲的形態」，這種性本能的「反社會性」不是其固有特性，而是由外部條件造成的。他強調，性本能按其本來面目不但不會與人類文明發生衝突，而且還會促進人類的文明。性本能按其本性有一種內在的「約束力」和「團結力」。內在「約束力」指：它不會毫無節制地去追求自身的滿足，它總不斷地加以自我限制。內在「團結力」指：它在追求滿足時不僅考慮到自身，而且還顧及到他人。為了把這種「本來面目」的性本能與「扭曲了」的性本能區別開來，他把此稱為「愛欲」。

他說道：

「在愛欲本身中有著一種要是沒有外

在的壓抑性的限制，就向文明方向發展的
固有傾向。」

　　物質生活資料的貧乏，是佛洛伊德用以論
證壓抑性本能合理性的另一個重要理由。在佛
洛伊德看來，由於物質財富的貧乏，現實世界
不得不要求人們壓抑性欲，從事純為了生存的
活動，創造維護文明社會所必須的物質財富。
不能設想處於貧乏的環境下，人們能自由自在
享受性欲的滿足。馬庫色指出，用貧乏來論證
壓抑的合理性，並非佛洛伊德的獨創，「文明的
歷來有多長，這種思想的存在也就有多久」。但
實際上，這種觀點是站不住脚的。在人類歷史
開始時，人類曾過著一種沒有壓抑的生活。那
時，人類處於極端貧乏之中，按照佛洛伊德的
觀點，在這種情況下人們的性欲不可能得到滿
足，但實際恰恰相反，那時的人類享受著後人
難於想像的「性欲解放」的快感。在現代工業
社會裏，隨著科學技術迅猛發展，貧乏已基本
消除，按照佛洛伊德的觀點，在這種情況下人

們的性欲完全能得以滿足，但實際也恰恰相反，現代人性欲的受壓抑非但沒有紓解以至消除，反而愈演愈烈。所有這些都說明貧乏並不是造成性本能遭受壓抑的真正原因。

馬庫色認為，推倒了佛洛伊德關於社會壓抑性本能必然性的兩個「理由」，也就等於論證了「性欲解放」的現實性。他指出，只要人們充分認識了這一點，建立一個性欲解放了的文明社會指日可待。確實，那些「性革命」的信奉者從這裏獲得了極大的鼓舞。

三、論現代社會是個性本能高度受壓抑的社會

馬庫色對現代西方社會壓抑人的性本能提出尖銳批評。眾所周知，他是現代西方社會最激烈的批判家，他的一些書籍曾被稱為「造反教科書」，他的理論曾孕育了整整一代的「造反派」。在他對現代西方社會的批判中，最有吸引力的是他對這一社會壓抑人的性本能的批判。

　　他反覆強調是佛洛伊德揭示人類文明與壓
抑人的性本能不可分割的聯繫，而其主要貢獻
則在於說明現代西方社會是人類文明的頂點，
且對性本能的壓抑也到了登峰造極的程度。

　　馬庫色批判現代西方社會壓抑人的性本
能，首先就是批判它限制人的「性自由」。他對
現代西方社會中有關限制人的「性自由」的法
律和道德作了種種抨擊，而主要抨擊的是所謂
「把人的性活動商品化」。他說，從表面上看，
現代西方社會裏「性自由」比以前毫無疑問地
大大增加了，不要說與中世紀相比，就是與資
本主義社會的早期相比，也不可同日而語。但
實際上，由於「性的關係更加密切地與社會的
關係相同化，性自由用來爲獲取利益服務」，從
而這種「自由」是「虛僞的」。現在這種「性自
由」，不是以滿足自己的本能的需要爲目的，而
是服務於自身以外的目的。這種「性自由」實
際上是「商品形式的普遍化」，「商品進入了一
個以前是神聖不可侵犯的領域」。他認爲，「把
肉體（主要是女性的肉體）作爲物體加以商品

化，是不人道的」,「作爲性欲對象的人的肉體
的『商品化』,也許是走向交換社會的決定性
的一步」,這一步給人帶來的不是自由,而是更
大的壓抑。他進一步批評說,在這種「性關係
商品化」的環境下,人們自覺不自覺地把婚姻
視爲交易,把兩性視爲杯水,把愛情視爲消費。
在這種兩性關係的支配下,婚姻實質上成爲一
筆買賣或商品交易,性關係可以像選購商品一
樣,「試試貨色」、「嚐一嚐」,愛情、婚姻的一
方成爲另一方的消費對象。

　　由於馬庫色像佛洛伊德後期一樣,對「性
欲」作廣義的解釋,所以他對現代西方社會壓
抑人的性本能的批判,也不局限於僅僅批判它
壓抑、扭曲「性自由」。例如,他認爲,人的性
本能的滿足主要是透過勞動的途徑來實現的,
「性欲解放」的核心是「勞動的解放」。於是,
他提出,現代西方社會壓抑人的性本能主要表
現在「使勞動的非性欲化,即異化」上,這就
是說,他對現代西方社會壓抑人的性本能的批
判,一個重要內容是批判它沒有使勞動成爲一

種消遣。應當說，馬庫色理論中的有關這一方
面的內容是很有創造性的，非常值得人們深入
研究。可是對那些「性革命」的信奉者來說，
卻似乎是「對牛彈琴」。他們的興趣不在這裏，
所以這也在情理之中。

　　馬庫色曾經把對人的性本能的壓抑區分爲
「基本的壓抑」和「多餘的壓抑」。所謂「基本
的壓抑」是指由不可避免的原因造成的壓抑，
它具有合理性；所謂「多餘的壓抑」是指由社
會方面的根源所造成的壓抑，也就是說，它純
粹是爲了「統治者」的需要，而強加於人的，
它不具有合理性。他強調，衡量一個社會對性
本能的壓抑程度的高低，不能只看壓抑的絕對
量，而主要應看「基本的壓抑」與「多餘的壓
抑」之間的比例，「多餘的壓抑」在總壓抑中所
佔的百分比越大，說明這個社會對性本能的壓
抑程度也越高。他說道：

　　　　「這種多餘的壓抑的程度就可用來作
　　爲衡量壓抑大小的標準。多餘的壓抑較

小，就說明文明在這一階段的壓抑較小；
反之，就說明文明在這一階段的壓抑較
大。」

他認爲，由於在現代西方社會中，「對性本
能壓抑的需要已經完全建立在爲滿足統治者的
利益的基礎上」，也就是說，現代西方社會裏的
壓抑主要是「多餘的壓抑」，所以，它是一個高
程度的壓抑社會。他還說道：

「性本能所受壓抑的範圍和程度的大
小，只有把它與可能達到的性本能解放的
範圍和程度的大小聯繫起來加以衡量，才
是有意義的。」

在他看來，現代工業文明社會，由於消除
了產生必然壓抑的社會條件，所以存在著極大
的「潛在的性本能自由」，這種「潛在的性本能
自由」大大超過了歷史上任何一個時期。把工
業文明社會裏的性本能壓抑與「潛在的自由」
相比，也可知這種壓抑已到了無以復加的程

度。他這樣說道：

　　　「在由於物質和精神的進步已大大地
減少了對自我限制和苦役的需求的情況
下，在文明眞正有可能大規模地解放那些
被消耗在苦役上的本能力量的情況下，對
本能的千篇一律的統治，就構成了一種高
程度的壓抑。」

四、論性本能是人的本質

　　馬庫色是個哲學家、社會學家，著重從哲
學的角度論述性本能的實現對人之意義。當
然，由於他不像佛洛伊德、賴希那樣擁有豐富
的醫療實踐經驗，因而只能在理論上加以闡
述。

　　馬庫色認爲，精神分析學不僅僅是一種心
理學，而且是一種哲學，它的主要哲學價值在
於向人們揭示了人的心理結構的秘密，並由此

在一種新的意義上規定人的本質。他的《愛欲
與文明》一書的副標題是「對佛洛伊德理論的
哲學探究」，他所說的「哲學探究」，說是透過
剖析佛洛伊德的心理結構理論，「提煉」出人的
本質是性本能的思想。

　　佛洛伊德把人的「心理結構」分為「意識」
和「潛意識」兩部分，在有意識的思維活動的
底部，發現了一個一直被人忽視的「潛意識」
領域。馬庫色認為這顯然是個了不起的貢獻。
但是，「意識」和「潛意識」究竟哪一部分更能
體現人的本質呢？馬庫色覺得應該是後者。這
是因為，一、「意識」受現實原則支配，「潛意
識」受快樂原則支配；二、「意識」是後天形成
的，「潛意識」是與生俱來的；三、「意識」在
人的整個精神世界中佔很小一部分，而「潛意
識」所佔的比例卻大得多。

　　在佛洛伊德看來，作為人的精神活動核心
的「潛意識」，是由生本能和死本能組成的，這
兩種本能衝動的「能量總和」不變，此長彼消，
彼增此減。馬庫色認為，在這兩種本能衝動中，

只有生本能才眞正體現了人的本質。其原因在於人首先是一種存在物，生本能與人的「存在原則」相一致。

　　生本能的主要內容，佛洛伊德規定爲渴、飢、睡、性等。馬庫色則進一步指出，在這些內容中，性欲佔統治地位。因此把生本能作爲人的本質，實際上也就是把性本能作爲人的本質。他說道：

　　　　「佛洛伊德的心理學力圖對人的本質
　　　　作出規定，把人的性本能作爲人的本質。」

　　那爲什麼在渴、飢、睡、性等這些本能衝動中唯有「性」才能體現人的本質呢？馬庫色對此也作了詳細論證。他的中心意思是，在這些本能衝動中，唯有「性」才不是手段，而是目的本身。這就是說，渴、飢、睡等本能衝動服務於自身以外的目的，而「性」只要不人爲地扭曲，則是以自身爲目的。正因爲如此，儘管渴、飢、睡等本能衝動的滿足也能給人帶來快感，但這種快感無論從量上還是從質上看，

都是遠遜於由「性」的滿足所給人帶來的快感，甚至可以說，兩者是不可比擬的。

馬庫色透過上述對人的本質的分析，很自然地得出結論，人的解放就是其性本能的解放。他贊同馬克思關於人的解放就是人的本質的解放、人的幸福就是人的本質的實現的思想。他說，馬克思的《一八四四年經濟學─哲學手稿》的全部內容就是論證了人的本質的實現對人的意義。既然人的解放就是人的本質的解放，人的本質就是人的性本能，那麼，解放人就是解放人的性本能。這便是馬庫色的「三段論」。

五、論「性欲解放」的地位

馬庫色認為，由於性本能是人的本質，所以，文明社會對性本能的壓抑，才使人陷入無限的痛苦之中。人類文明史上，當人的性本能遭到壓抑時，不僅是對人的某種功能的束縛，

更主要的是用現實原則代替了快樂原則，意識活動佔據和控制了潛意識，從而整個地改變了人的本質。在這種情況下，爲了恢復人的本質，使人從痛苦的深淵中解放出來，就必須解放人的性本能，把人類本性不斷遭致歪曲的這個過程顛倒過來。只有使人類在解放性本能的過程中眞正恢復其本性，人類才能眞正享受到本質得以實現的痛快。他說道：

> 「人正是在他的滿足中，特別是在他的性本能滿足中，才成了一種高級存在物，才有了較高的存在價値。」

在強調解放人就是解放性本能的同時，馬庫色激烈地抨擊了把人的解放歸結爲「解放人的理性」和改善人的物質生活條件的觀點。這就是說，馬庫色還透過把性本能的解放與其它對人的解放的理解加以比較，來突出性本能的解放的重要性。

按照西方傳統的觀點，人是理性的動物，理性是人的本質。從這種觀點出發，必然把人

的解放看作是人的理性的解放。馬庫色說道，
人的理性的解放意味著什麼呢？意味著人的意
識對「潛意識」控制的加強，意味著人的原始
性欲──「性本能」遭受更大的壓抑，意味著現
實原則戰勝快樂原則。他認爲，這種解放給人
帶來的不是幸福而是更大的痛苦。不是把人的
原始欲求，而是把對人的原始欲求的征服，當
作人的本質，這是與人的快樂原則尖銳對立
的。與快樂原則聯繫在一起的人的原始欲求都
被當作不合理的東西，當作理性的發展必須加
以征服和控制的東西，這就顛倒了手段和目的
的位置，本來只是作爲實現人的目的的理性，
卻成了目的，而眞正的目的──人的性本能的
滿足，反而在理性面前「枯萎」了。

　　在馬庫色看來，把人的解放看成是改善人
的物質生活條件，主要錯誤在於用一種非主要
的原始性欲替代主要的原始性欲，作爲人的本
質。在人的本能欲求中，無疑包含著追求物質
享受這一內容，但是，與性本能相比，這種本
能欲求是次要的，它不能體現人的本質。既然

如此，離開了滿足人的性本能，單純地追求物質享受，並不能眞正使人解放，得到幸福。他認爲，生活在現代西方文明社會中的人們，物質生活資源如此充裕，卻並不感到那麼幸福，相反還時常有痛苦感，原因就在這裏。已經從貧乏中獲得解放的「現代人」，實際上過著一種「痛苦中的安樂生活」。人們擁有自己的高級住宅、小汽車、彩色電視，還有豐富的吃的和穿的東西，這在人們看來，是何等的安樂！然而這種安樂卻因爲是建立在壓抑性本能的基礎之上而又痛苦異常。

　　馬庫色對人的解放的核心是「性欲的解放」的論證，特別是把「性欲的解放」與「理性的解放」、「物質生活條件的改善」等所作的比較，在「性革命」的信奉者那裏引起了極大的回響。一些人赤身裸體，兩手空空地到深山老林中去過「不食人間煙火」的「性欲高度解放」的生活，所受的正是馬庫色這些理論的啓發。

六、論「性欲解放」與「性欲放縱」之間的區別

　　在馬庫色的「性革命」理論中，有一部分內容一直被「性革命」的信奉者所故意迴避，但卻爲其他人所稱道。這就是他關於「性欲解放」與「性欲放縱」之區別的論述。

　　馬庫色在把解放人具體化爲「解放性欲」的同時，又反覆申明，「解放性欲」不等於「放縱性欲」。他在一九六六年哀嘆道，現代社會實行的商業化的、隨意的性行爲，背叛了他的「性欲解放」理論。

　　馬庫色認爲，「解放性欲」與「放縱性欲」的主要區別在於，後者對人來說只能獲得局部的短暫的歡樂，而這種歡樂還得由痛苦作伴，人們常因獲得這種局部短暫的歡樂而需要付出高昂的代價，對社會來說意味著走向大混亂，倘若讓每個人都自由自在地毫無節制地追求性欲的滿足，那麼，不僅社會與個人，而且個人

與個人之間陷入不可調和的衝突之中。至於前者給個人和社會所帶來的結果則完全兩樣。個人在「解放性欲」的過程中獲得一種全面的持久的快感,「人的整個身體都是快樂的工具,人的所有活動都與快樂聯繫在一起」。社會在「解放性欲」的過程中建立起新型的關係。這種新型的關係是由解放了的性欲促成的,它建立以後又對性欲的滿足起著保證和促進的作用。

　　「解放性欲」是針對性欲受到壓抑而提出的。在馬庫色看來,「壓抑性欲」主要表現在把人的「性欲」這種原始本能引向「純粹性欲」的軌道。在這種情況下,如果把「解放性欲」理解成「放縱性欲」,其結果必然是把「性欲」引向「純粹性欲」的軌道,這對於「性欲」來說,並不意味著「解放」,而是更大程度上的壓抑。他進而提出,切實可行的就是在把「純粹性欲」活動減少到最低限度的同時,全面推行「多形態性欲」活動。實行「多形態性欲」活動就是打破「性欲活動在時間和空間上的限制」,給本能發洩開拓廣泛的領域,只要能使人

的性本能得以滿足，無論什麼發洩形式都要利用，從而使整個身體成爲享樂的工具。實行「多形態性欲」的過程實際上是對性欲加以改造的過程。他說道：

> 「解放性欲不僅僅包括了解放力必多，而且也包括改造力必多，把受生殖至上原則約束的性欲，改造成爲整個人格所具有的愛欲。」

馬庫色把這種對「純粹性欲」的改造稱爲「性欲的自我昇華」。他說，這種自我昇華和社會強加給本能的昇華有著根本的區別。後者指「現實原則強迫人們把性欲轉變爲有用的文化活動」，「它限制了性欲的功能和時間」，「造成了身體絕大部分器官的非性欲化」，而前者完全是自由自覺的，「擴大了原始欲求的功能和時間」，「能使身體絕大部分器官性欲化」，它能創造出「旣不損害人類文明又不對本能加以壓抑的人際關係」。

馬庫色關於把「解放性欲」與「放縱性欲」

區別開來的思想，曾經被洶湧而來的「性革命」
浪潮所淹沒，但過不久，又爲西方的一些有識
之士「挖掘」出來，並以此作爲對「性革命」
運動的一種反擊。例如，英國的麥克萊倫認爲，
馬庫色力主「解放性欲」，是「提倡多方式的性
滿足」，「包括廢除性器官至上主義」。加拿大
的阿格則說道：

　　「馬庫色提倡『解放性欲』是希望性
　欲能夠不再是純粹生殖性的表現方式。
　……人們能夠以各種方式表達他們成功地
　抑制了的（但不是過多地抑制的）性欲，
　其中只有一部分涉及狹義的異性生殖。
　……馬庫色並沒有贊成『性泛濫』或建議
　廢除一夫一妻制，他僅僅抨擊了資本主義
　制度下由於性欲未滿足而產生的狹隘的生
　殖性的性行爲。他所說的『互愛』，是指人
　們把溫柔和關懷充實到自己的各種各樣行
　動和關係中去。」

　　麥克萊倫、阿格對馬庫色的「性革命」理

論的解釋不一定就很正確，但起碼可以說明一
點：馬庫色的「性革命」理論不像佛洛伊德、
賴希的那麼徹底、明瞭，而是給人們留下了很
大的解釋、迴旋的餘地。

七、對「性革命」之影響

最後，我們對馬庫色對「性革命」的影響
作一小結：

第一，他親自參與和指導了「性革命」運
動。「性革命」運動於六十年代在美國達到頂
峰，這絕不是偶然的。除了由於當時美國陷入
越南戰爭而不能自拔，使國內許多人人心渙
散，尤其青年人更是對前途悲觀失望之外，與
馬庫色當時正生活在美國，並進行了一系列的
理論活動，也是分不開的。他從四十年代初開
始生活在美國，從五十年代初開始研究佛洛伊
德的理論，逐步形成了他的「性欲解放」論。
這一理論剛開始時並沒有引起人們多大重視，

但自五十年代末起產生了廣泛的影響。一些人
本來就沉緬酒色，放蕩不羈，而從馬庫色的著
作中又正好找到了他們所需要的理論根據。於
是，他們把馬庫色奉爲「精神領袖」，在性生活
上尋歡作樂，在「返回大自然」的旗幟下，憑
藉性本能對待一切，終於釀成了「性革命」運
動。一開始，馬庫色本人似乎對自己在「一夜
之間」幾乎成了一位聞名於世的人物，缺乏思
想準備，顯得有些不知所措。不久，他便平靜
下來，揮動如椽之筆，一方面對「性革命」運
動進行指導，另一方面反擊反對派對「性革命」
運動的指責。

　　第二，他把「性解放」引入西方「新左派」
運動之中，使「性革命」運動成爲「新左派」
運動的一個組成部分。其實，對「性革命」運
動產生影響的，絕不僅僅馬庫色一人，佛洛伊
德、賴希不消說，就是金賽、瑪斯特斯、約翰
遜等人的影響也絕不能低估，約翰遜於一九〇
〇年出版的《人類性反應》，三十多萬冊精裝本
剛印出來就銷售一空，成了轟動一時的「性革

命」教材。那爲什麼馬庫色的影響特別大，人們偏偏要首先把他的名字與「性革命」運動聯繫在一起呢？其中一個重要原因是馬庫色成功地把「性解放」、「性革命」引入到「新左派」運動之中，使之成爲「新左派」運動的一個重要內容。馬庫色首先是「新左派」運動的發起人，他是透過對「新左派」運動產生影響從而間接作用於「性革命」運動的。而且事實上，「新左派」運動和「性革命」運動在西方世界是交織在一起的，它們幾乎是同時產生和發展的。「性革命」運動按其本意應是「中性」的運動，現它具有了鮮明的「左」的色彩，與「新左派」有了不解之緣，這得歸功於馬庫色。欲知馬庫色是如何成功地把「性解放」、「性革命」的內容引入「新左派」運動，只要看一下法國「五月風暴」時貼在巴黎城牆上的標語就一目瞭然了：「爲愛情而鬥爭就是政治鬥爭」、「我越談戀愛，我就越要造反」、「永不工作」。

　　第三，他系統地闡述了「性欲解放」論，使「性革命」運動有了更堅實的理論基礎。當

然，馬庫色對「性革命」運動的最大貢獻還是
在理論上的貢獻。如果說佛洛伊德為「性革命」
提出了一個理論雛形，賴希為「性革命」奠定
了理論基礎，那麼，馬庫色則使這一理論系統
化、哲學化了。經馬庫色這麼一番改進、提昇，
「性革命」理論已為當代人所承認，不管對它
是贊成還是反對。毫無疑義，「性革命」理論將
作為一種重要的理論載入二十世紀的理論創造
的史冊。馬庫色在其中自然有他獨特的地位。
馬庫色的最大的理論建樹是對「解放性欲」的
現實性的論證。正如一位「性革命」的信奉者
所說的，以前他只知道性本能的實現對人來說
比什麼都重要，但人們只能「畫餅充飢」，因為
在現實世界裏這是辦不到的，從馬庫色的著作
中則了解到，「性欲解放」不但是必要的，而且
是有可能的，只要推倒「統治利益」，那建立一
個「性欲解放」的文明社會近在眼前。確實，
由於馬庫色的理論活動，「性革命」論不再與悲
觀主義而是與樂觀主義聯繫在一起了。從哲學
的角度，或者更明確地說，從論證性本能是人

的本質的角度，說明「性欲解放」的重要意義，是馬庫色的另一個重要理論建樹。在這一方面，賴希做了開創性的工作，但系統加以闡述的則是馬庫色。

第四，他對「性革命」運動所作的理論反思，較成功地爲這一運動總結了經驗教訓。在七十年代，也就是說在他謝世前幾年，他致力於對「性革命」運動進行反思，特別是總結了這一運動之所以沒有達到預期的目標所給人們留下的教訓。應該說，這一反思和總結是難能可貴的，給人們，尤其是給「性革命」的信奉者留下了寶貴的理論遺產。例如，他批評人們沒有把「性的解放」和「政治的解放」結合，離開了改變現存制度的鬥爭單純地去進行「性欲的解放」，沒有使性的能量變爲愛的能量，變爲社會解放的能量。他指出，還在嬉皮們爲「性欲的解放」哈哈大笑時，他已對「性革命」運動的前途作了悲觀主義的估計。他特別提到了賴希的「性革命」理論的干擾。他說道：

　　「賴希指出，法西斯主義的根本在對
本能的壓抑，他的這一觀點是對的；但他
又認爲，戰勝法西斯主義應該主要是透過
性的解放來達到，這時他可就錯了。性的
解放完全可以這樣發展，並不危及處於先
進階段的資本主義制度。這一階段的本能
的解放只有當性的能量變爲愛的能量，並
力求改變社會生活方式和政治生活方式
時，才能變爲社會解放的力量。」

　　他的這一番言語不免有文過飾非之嫌，但
確實有幾分道理。再如，他批評人們沒有把「解
放性欲」與「放縱性欲」嚴格區別開來，從而
造成了極大的混亂，但對兩者究竟區別在何
處，他始終沒有說出一個所以然。他對「性革
命」運動的反思，充滿了對「性革命」的信奉
者的哀其不幸、怒其不爭的心態。儘管他對「性
革命」的信奉者的種種行徑表示不滿，但他對
「性革命」的前途仍充滿了希望。

結　論
「性革命」的展望

　　我們在緒論中指出過,「性革命」的前途取決於它對人類的影響究竟如何。

　　目前在西方世界,圍繞著對「性革命」作用的評價出現了兩種截然相反的意見。

　　一種透過「妓院眼鏡」來觀察「性革命」,對之抱完全否定的態度。他們對「性革命」的主要指責是:

　　　　——「性革命」帶來了不規範的兩性行為,由此引來一系列問題,並致使性病流行,在精神和肉體兩方面污染和摧殘現代社會;

——「性革命」使當代社會陷入病態和道德
危機之中。享樂至上主義盛行，個人
主義膨脹。最嚴重的是使異化滲透到
了性關係的領域中：性交對象常被視
爲心心相隔的、如同旁人的、情感上
無所謂的客體。正是這種異化了的性
關係，充當了賣淫的自然土壤。

另一種則對「性革命」加以全盤肯定。他
們認爲：

——「性革命」是對清教徒觀念和維多利亞
道德的抗逆，是對自由的追求，是向
誠實邁出的一大步；
——科學、教育和文化進入了性領域。「性
革命」思潮打破了「性神秘」，掃除了
「性愚昧」。儘管對公開的性教育還
有爭議，但許多中小學已普遍開設了
性教育課，一些家長也對子女開始了
「坦誠」的性教育，包括主動詢問子
女的生理、身體發育情況，以及同異

性朋友交往的歷史等；

——「性革命」思潮促進了兩性交往中的男女平等。在傳統上，婦女在兩性交往中始終處於被動地位，而「性革命」則把女性置於和男性平等的地位上，主動熱情地去追求愛，追求兩性生活的機會，享受兩性生活的快樂。

透過考察「性革命」的三個主要思想家的理論，我們進一步認識到，上述兩種觀點均具有片面性，均屬一面之詞。原蘇聯學者Ｃ‧戈羅德對此說了一番很有哲理的話。他說道：

「上述每個觀點都僅僅反映了這一現實過程的一個側面。實際情況是極其複雜、充滿矛盾的：進步與反動的因素在此交織在一起。學術討論、大衆啓蒙、情感文明的提昇和道德責任感的加強，促進了性關係的好轉和深化。其後果是浪漫主義。愛情範圍擴大了。與此同時，人類醜陋和道德低下也日益膨脹，致使各種異化

了的性關係日益強化。」

　　這個評價也許比全盤肯定或全盤否定，不
管是出於無知、義憤，還是別有用心，都要全
面且深刻得多。事實正如C‧戈羅德所指出的那
樣，「性革命」無論是就其理論本身而言，還是
考察其所產生的社會效應，往往「珍品」與「垃
圾」犬牙交錯，混合在一起。現在需要做的是，
如何在一片「性革命」的狂呼吶喊中分清良莠，
在雜草叢生的大地上辨別出香花、毒草？

　　例如，「性革命」的後果之一便是使性教育
得以普及，然而，在性教育過程中，也不免夾
雜著誨淫的雜質。因此，區分誨淫和性教育很
有必要。性教育旨在透過對人體的性器官及其
發育特徵，給予科學的說明來使人們認識自己
的生理特徵，以便講究衛生，促使自己身體健
康發展。然而，有的則以性教育為名，對兩性
關係進行赤裸裸的描述，許多內容則是性挑逗
和性引誘，凡此種種，都給人以惡性的感官刺
激。

　　又如，古往今來，幾乎世界上所有文學作
品，都離不開關於性及兩性關係的描寫。所謂
「愛情是文藝的永恆主題」就是這個意思。在
「性革命」的浪潮中，同樣湧現出不少專門描
寫性及兩性關係的文藝作品。其中多數作品，
男女之愛和性行爲在作者的筆下被描繪得如詩
如畫，人們非但沒有從中得出淫穢的感覺，而
是體驗出美的享受，使人們激發起對生活的熱
愛，對理想的追求。有的作品，雖然在兩性關
係的描寫上較爲露骨，但卻是白玉之瑕，整個
作品不失爲一部偉大的作品。然而所有這些「香
花」都是與毫無社會意義和教育意義的黃色文
化這種「毒草」生長在一起的。

　　再如，「性革命」是與「性自由」聯繫在一
起的。這種「性自由」維護了人們的性權利。
它帶來了夫妻性生活協調、夫妻和睦、家庭幸
福。實踐證明，沒有個人性選擇的自由，也就
不可能有眞正的性愛。在長期的歷史中，人們
一直沒有眞正掌握性選擇的自主權，而是充當
著性生活的奴隸。特權踐踏它，金錢收買它，

違反人性的倫理道德桎梏它，使得人類的性愛與性行爲一直處於對立的狀態之中，這是人類的最大的悲劇。透過「性革命」，人們把許多已經失去了的「性權利」重新奪了回來。然而，這種「性權利」、「性自由」在不少人那裏又被扭曲了。這就是在「性自由」的名義下，愛情和性欲被剝奪一切情感而成爲純商品的交換。有些人利用「性自由」提供的方便，將婚姻變爲交易，將兩性變爲杯水，將愛情變爲消費。性關係「自由」得像選購商品一樣，「試試貨色」，「嚐一嚐」，愛情、婚姻的一方成爲另一方的消費對象。這樣，眞正的「性自由」又與扭曲的「性自由」交織在一起。

還如，婦女解放是衡量人類解放的尺度，當然也是衡量「性革命」成果的尺度。婦女解放的內容是多方面的，其中也包括「性解放」。婦女獲得「性解放」的重要標誌是：她除了眞正的愛情以外，永遠不會再出於其他某種考慮而委身於男子，或者由於擔心經濟後果而拒絕委身於她所愛的男子。透過「性革命」，一些婦

女在經濟上政治上提高了地位的同時，個性也得以自由全面發展，並以愛情為基礎而不是以其他東西為基礎建立起了新型的性關係。不可否認，一些婦女透過「性革命」只是獲得了單純的肉體上的和生理上的滿足，而且她們把此理解成就是「性解放」的全部內容。可見，同樣是婦女的「性解放」，包含的內容竟是如此的迥然不同。

對於「性革命」，我們既要堅持「兩點論」，即不但要看到其負面而且應注重其正面，又要運用「重點論」，即在分清其負面與正面的基礎上，還要進一步把握究竟哪一面佔主導地位。

用「重點論」觀察「性革命」，我們不難得出結論：「性革命」帶來的良性變化是主要的，而造成的不良後果則是次要的；「性革命」給人類帶來的福音是由其自身因素決定的，因此具有必然性，而給人類造成的種種不幸則可以歸結於外在因素，因此不具有必然性；「性革命」造福於人類是本質的、不可避免的，而給人類帶來不幸則是非本質的、在一定的條件下

可以避免的。

　　全部的關鍵在於，對於「性革命」的需求是人性的呼喚。對此，倘若在還沒有接觸「性革命」的三個主要思想家的理論之前尚有些模糊的話，那麼，在接觸之後應是很清楚的了。肯定人性，必然也要肯定人的性欲。人性的作用，具有使人以超越一切的力量去不斷地追求個人幸福的動力和勇氣。所謂的幸福，也就是指舒暢、快樂和不痛苦。人的性生活恰恰是大多數人一生中最動感情的那部分生活。人類確實會在一種和諧的性愛生活中獲得文明的創造、人性的創造、美的創造的無窮樂趣。人類的性行為不但是生命之源，更主要的還是幸福之源。如果我們按照某些倫理學者的觀點，把人的幸福分成等級，低級的是感官的快樂，高級的是精神的快樂。那麼，我們會發現任何感官的快樂都會上升為精神的，任何精神的快樂都脫離不了感官的，所謂高級的幸福與低級的幸福在人的性生活中都可以體驗，因為性帶給人的快樂絕不單純屬於肉體的、感官的，更包

括精神上的愉快和情感上的滿足。夫妻生活的
美滿幸福是精神與性和諧的共同作用的結果，
無論男女，一旦在人的性功能上出現了障礙，
人的正常性生活將遭受破壞，承受這種痛苦就
不只是一個人而是一家人，限度也絕不在於肉
體，更多的還在於心理的、精神的，其程度也
遠非局外人所能估量甚至是理解的。所有這些
道理，已被「性革命」的三個主要思想家講得
鞭辟入裏，入木三分，何須我們再在這裏贅言。

　　既然如此，「性革命」旨在讓人類最大限度
地享受性快感，過一種寓於性愛之中的自然的
幸福生活，何罪之有！人類必將從心底對這場
「革命」發出歡呼。當賴希講到蘇聯人在有關
「性解放」的法令頒佈以後所表現出來的興奮
程度，遠遠超過在聽到沙皇統治結束時所表現
出來的興奮程度時，他一點也沒有講得過頭。
讓我們在這裏再重溫一下賴希對「性革命」的
性質所作的描述：

　　　　「我們正在經歷著一場我們文化存在

的真正的革命變革，在這場鬥爭中，沒有
遊行，沒有罪人，沒有獎章，不敲鑼打鼓，
不鳴放禮炮。但充當這場戰爭犧牲品的人
卻不會比一八四八年或一九一七年的變革
少。人類對它的自然生命功能的發現正使
它從千年沉睡中甦醒過來。我們生活中的
這場變革觸及到了我們情感、社會和經濟
的存在之根本。」

當然，不可否認，「性革命」在實施過程中
由於種種原因，走了許多彎路，犯了不少錯誤，
使人們飽嚐了苦果。但人類絕不能因噎廢食。
正確的態度是以冷靜和理智的眼光反思過去的
一切，堅持真理，修正錯誤。君不見有些「性
革命」的信奉者在八十年代後一改過去全盤否
定道德的態度，而熱心於建立一種新的「性道
德」嗎？這種「性道德」觀建立在以下三個基
本前提之上：性是健康的，自然的就是美的，
任何讓身體覺得愉快而又不傷害到他人的行為
都應該被接納；性關係是平等的，要揚棄舊有

的鼓勵男人而壓抑女人的「雙重標準」，在一種
性關係中，男女兩性均應有自由表達其需要亦
分攤責任的平等關係；傳統上為了調節性關係
而建立的婚姻及家庭制度，應該盡可能具有彈
性，符合個人的癖好，而不是強迫每個人都套
進同一個框框裏。顯然這些「性革命」的信奉
者在這裏堅持了「性革命」的基本原則，又根
據實際情況作了必要的調整。這實在是一個好
的跡象。這也是「性革命」之希望所在。

　　我們的時代是科學技術突飛猛進的時代，
科學技術的發展為「性革命」實現自己的宗旨
開闢了廣闊的天地，提供了極為有利的條件。
首先，科學技術的發展，解脫了婦女對性行為
後果的擔心，人們性交也不再僅僅是「為後」，
而是為了享受生活的樂趣，有利於身體和精神
的健康。其次，科學技術使優生優育、計劃生
育成為可能和現實。計劃生育技術的提高，人
類生殖生理的研究，產前診斷和選擇性流產等
優生措施的推廣，更進一步提高了人類的生育
質量。第三，科學技術的發展，使成千上萬患

有性功能障礙的病人得以治療，使他們能享受
到生活的樂趣。我們相信，「性革命」一定能藉
由科學技術的力量，趨利避害，把人類送向更
美好的明天。

　　近時，許多科學家對人類未來的性生活作
了預測。例如：

　　　──《大趨勢》的作者奈斯比提出，未來的
　　　　社會的基本「構件」將是「單獨的個
　　　　人，而不是家庭」；
　　　──《第三波》的作者托夫勒預言，傳統的
　　　　家庭制度將在技術革命浪潮的衝擊下
　　　　而「最終破裂」，在未來的社會中，人
　　　　類的性關係將呈「多樣化」的發展；
　　　──《道德革命》的作者索倫蒂諾認為，未
　　　　來的文明社會至少會有六種不同的性
　　　　文化並存：異族聯姻；無婚姻關係的
　　　　同居；試婚；法律上認可的重婚；未
　　　　婚的單身男女領養孩子組成家庭；單
　　　　身；

　　——《二十一世紀的婦女生活》的作者嘉頓
　　女士說道，到二十一世紀，人們的婚
　　姻將有兩個階段，前一段是自由結
　　合、自由分離也不生育後代的「個體
　　婚姻」，後一段則是相伴終老、生育後
　　代的「家庭式婚姻」。

　　看看這些著名科學家的預測，想想「性革
命」的三個主要思想家的論述，再反思一下「性
革命」浪潮掀起以來所發生的一切，我們難道
不能領悟出什麼東西來嗎？

後　記

　　這本小冊子，是在孟樊兄的提示之下寫成
的。一九九四年五月訪台期間，我目睹了孟兄
與其妻淑玲女士相濡以沫、親密無間的夫妻生
活，內心深處感受到健康、向上的情愛對人生
是具有如此重大的意義。由此聯想到，「性革
命」按其本意，不正是要讓天下人都過上這樣
的生活嗎？返回大陸以後，懷著某種說不出來
的衝動，竟一揮而就。時過兩月，我想把貯存
在電腦中的底稿取出打印交孟兄，可惜電腦中
已蕩然無存。這樣，我只好憑回憶重頭寫起。
孟兄的立意很高，但我才力淺陋，未能論述得
更充分、全面、透徹一些。書中的不足、錯誤，

歡迎讀者批評指教。對於我個人來說，此書權
當作爲了某種信念而發出的一聲吶喊吧！

陳學明

· 文化手邊冊 13 ·

性革命

作　　者／陳學明

出　　版／揚智文化事業股份有限公司

發 行 人／林智堅

副總編輯／葉忠賢

責任編輯／賴筱彌

執行編輯／晏華璞

登 記 證／局版台業字第 4799 號

地　　址／台北市新生南路三段 88 號 5 樓之 6

電　　話／(02)3660309 · 3660313

傳　　真／(02)3660310

郵　　撥／1453497 － 6

印　　刷／偉勵彩色印刷股份有限公司

法律顧問／北辰法律事務所　蕭雄淋律師

初版二刷／1997 年 1 月

定　　價／新台幣 150 元

南區總經銷／昱泓圖書有限公司

地　　址／嘉義市通化四街 45 號

電　　話／(05)231 － 1949　231-1572

傳　　真／(05)231 － 1002

· 本書如有破損、缺頁、裝幀錯誤，請寄回更換 ·

ISBN　957-9091-96-X

國立中央圖書館出版品預行編目資料

性革命＝Sex revolution／陳學明著. -- 初版
　　-- 臺北市：揚智文化, 1995〔民84〕
　　面；　公分. --(文化手邊冊；13)
　ISBN 957-9091-96-x（平裝）

　　1.性

544.7　　　　　　　　　　　　　　83012352